Gregor Eisenhauer

Liebe ohne Leiden.
55 einfache Übungen für den Herzmuskel

LEBEN PHILOSOPHIE

Gregor Eisenhauer

Liebe ohne Leiden.
55 einfache Übungen für den Herzmuskel

mitteldeutscher verlag

Bibliografische Information der Deutschen Nationalbibliothek
Die Deutsche Nationalbibliothek registriert diese Publikation
in der Deutschen Nationalbibliografie; detaillierte bibliografische Daten
im Internet unter https://dnb.de.

1. Auflage
© 2021 mdv Mitteldeutscher Verlag GmbH, Halle (Saale)
www.mitteldeutscherverlag.de

Gesamtherstellung: Mitteldeutscher Verlag, Halle (Saale)
Lektorat: Dr. Anselm Spindler, Frankfurt am Main
Layout und Satz: Stefanie Bader, Leipzig
Umschlagabbildung: © iStock – ma_rish

ISBN 978-3-96311-576-9

Printed in the EU

Werde die Person, mit der du gern zusammen wärst. Wenn du gern mit jemandem verheiratet wärst, der einen guten Humor hat – entwickle selbst diesen Humor. Wenn du dich nach einem Beschützer sehnst – lerne, wie du dich selbst beschützt. Wenn du gern einen Anwalt zum Mann hättest – werde Anwalt.

Gloria Allred

Inhalt

I. Suchen Sie nicht, was alle suchen

Ein moderner Mann mit all seinen Selbstzweifeln kostet eine Frau heutzutage viel Kraft. Deswegen verzichten viele Frauen auf einen Partner, weil sie glauben, niemals den Richtigen finden zu können. Oder sie suchen verzweifelt den einen Traummann und wundern sich, dass sie ihn nicht finden. An dieser verfahrenen Situation sind nicht nur die Männer schuld. Das Geheimnis einer glücklichen Beziehung sind realistische Suchregeln, die den nahen Menschen und nicht das ferne Ideal im Auge haben. Mister Big, Mister Right, Mister Perfect – all diese Musterexemplare gibt es nicht. Wir alle müssen die Kombinationsregeln der Liebe respektieren. Ich nenne es den Algorithmus des Paradoxen. Liebe heißt, vom anderen etwas verlangen, was er niemals geben kann: Glück in alle Ewigkeit. Unsere Eltern und Großeltern wussten noch um die Absurdität dieses Anspruchs. Früher wollte eine Frau einen klugen Mann, einen reichen Mann, einen anständigen Mann oder einen Prinzen. Jede Wahl war, wie jeder wusste, mit Einbußen verbunden. Es galt die Ja-aber-Regel: Ein kluger Mann war selten reich, ein reicher Mann selten anständig, ein adliger Mann selten klug. Jedem Plus stand ein Minus gegenüber. Der kleinste gemeinsame Nenner der Bindung war demnach: Verlässlichkeit. Mann und Frau mühten sich um Stabilität, weil beide um die wechselseitigen Defizite wussten.

Heutzutage ist das anders. Jede Frau will den nahezu perfekten Mann, jeder Mann die nahezu perfekte Frau. Alles soll im Plus sein, Defizite werden als persönliches Versagen begriffen. Diese Rechnung kann nicht aufgehen. Es gibt ihn nicht: den humorvollen Homöopathen mit Torero-temperament und einem Faible für Fauvismus. Es gibt ihn nicht: den attraktiven Informatiker mit bipolarem Bizeps und einem Ohr für chakassischen Obertongesang. Es gibt ihn nicht: den tanzaffinen Astrophysiker mit Kinderwunsch und Armani-Peitsche im Sideboard. Die Ansprüche steigen derzeit ins Unermessliche, jeder ist gezwungen, mehr Talent zu schauspielern, als er hat – das geht auf Kosten der Verbindlichkeit. Denn kaum ist die Illusion durchschaut, die vermeintliche Täuschung aufgeflogen, gehen Mann und Frau auseinander.

Das Problem: Zwischen Mann und Frau hat sich vieles getan, aber wenig verändert. Die Männer sind durch die ständige Kritik an ihrer Männlichkeit gesprächiger geworden, und unsicherer. Was wiederum bewirkt, dass sich viele Frauen unselbstständiger geben, als sie es tatsächlich sind, weil sie den Mann nicht noch mehr verstören wollen. Ein Teufelskreis. Im bürgerlichen Sprachgebrauch einst „Ehe" genannt. Aber die Ehe im klassischen Sinn existiert nicht mehr, denn sie bringt die Frau nicht mehr voran, sie hemmt sie vielmehr. Die Anforderungen der Frau an den Mann sind andere geworden. Der Mann ist in diesen Zeiten der fortwährenden Ego-Optimierung mehr als Coach und Therapeut gefragt, sein Nutzen als Liebhaber tritt merklich zurück. Eine Frau, die Karriere machen will, braucht einen Mann, der ihre Karriere will und nicht seine eigene. Das Miteinanderreden ist viel wichtiger geworden als das Miteinanderschlafen. Sex lässt sich in einer vernunftbasierten Liebesbeziehung relativ einfach „outsourcen", Loyalität nicht. Das grenzt die männliche Zahl der Teilnehmer bei diesem Paarungsplanspiel noch einmal deutlich ein. Denn welchem Mann ist in der Liebe wirklich zu trauen, vor allem, wenn er weniger verdient als die Frau?

Fakt ist: Es gibt viel mehr kluge Frauen als kluge Männer. Vermutlich war das schon immer so. Aber mittlerweile sind sich die Frauen dessen bewusst. Die Leistungsbilanz des Mannes ist im Minus. Bleibt die Frage, welche Bedeutung der Mann tatsächlich noch für eine Frau haben kann. Es sind ja nicht nur einzelne Eigentümlichkeiten des männlichen Geschlechts wie Behaarung oder Sprachdefizite, die kritisiert werden: Der Mann als solcher ist ins Gerede gekommen. Nicht ganz zu Unrecht. Viele Männer sind nach der Mode gegangen und haben sich verständnisvoller gegeben, als sie es eigentlich sind. Sie simulieren Beziehungsfähigkeit. Aber dergleichen emotionale Mimikry wird in der Regel schnell enttarnt. Männer werden immer dann zum Problem für andere, wenn sie sich selbst zum Problem werden. Der Mann als Ehemann und Ernährer hat ausgedient. Zumindest für erfolgreiche Frauen. Karrierefrauen heiraten meist nur noch aus Gewohnheit, nicht mehr aus Überzeugung. Nach einigen Jahren des Zusammenlebens bereuen sie ihren Entschluss. Die wenigsten jedoch wollen sich ihren Irrtum eingestehen. Aber die wachsende Zahl an Yoga-Studios und Awareness-Centern weist deutlich darauf hin, dass das Zuhause nicht mehr der Ort ist, wo eine Frau sich noch wohlfühlt, zumindest dann nicht, wenn ihr Mann auch anwesend ist. Am Alltag zerbrechen die meisten Beziehungen nicht an der fehlenden Liebe. Das gemeinsame Zusammenleben ist zum Problem geworden, sofern es sich auf übertriebene Hoffnungen gründet. Nicht die Intensität des Gefühls sichert seine Dauer, sondern die praktische Vernunft gibt der Liebe Zukunft. Glück ist Praxis.

Der moderne Mann ist nicht zuletzt deshalb zum Problem geworden, weil er immer langweiliger wird. Er ist kein Abenteurer mehr, kein Tyrann, gegen den es aufzubegehren gilt. Zu fügsam, zu geduldig, zu ungebildet im Ganzen.

Fachlich oft von stupender Qualifikation, aber menschlich erschreckend unreif. Auf den Spielplätzen sind Kinder und Väter häufig nur noch der Größe nach zu unterscheiden. Selbst das Lektüreverhalten hat sich angeglichen. Väter lesen allenfalls noch das, was sie vorlesen. Da bleiben wesentliche Sehnsüchte der Frau unerfüllt. Nein, nicht die nach einer starken Schulter zum Anlehnen, dergleichen findet sich in Gestalt von Personal Trainern in Menge, sondern die Sehnsucht nach Andersheit. Für Männer wie Frauen gilt: Nichts ist schlimmer als das Gefühl, alles richtig gemacht zu haben und dennoch nicht geliebt zu werden.

Jede Frau hat das Recht auf Irrtum, und davon macht sie ausgiebig Gebrauch. Männer vielleicht sogar noch mehr, aber wenn sich ein Mann in einer Frau irrt, wird daraus meist eine Komödie. Irrt sich aber eine Frau in einem Mann, endet es häufig in einer Tragödie. Insofern liegt es auch im Interesse des Mannes, dass die Frau sorgfältiger sucht. Allerdings gehen die Frauen bei ihrer Partnerwahl nicht immer sehr klug vor, so zumindest der Eindruck vieler Männer.

Auch die Frau als solche ist ins Gerede gekommen. Viele Frauen vergnügen sich mit dem Zweitbesten, weil sie sich scheuen, den Erstbesten anzusprechen, und umgekehrt. Das ist kurzfristig gedacht. Vom Bett weist der Weg geradewegs in den Burn-out – das ist der Gang der Dinge, wenn Frauen bei der Wahl ihrer Männer zu sehr auf das Naheliegende achten. Umgekehrt leiden viele Männer darunter, dass die Frauen mit ihnen permanent unzufrieden sind, weil sie von Anfang an nicht die richtige Wahl waren. Die Rollenerwartungen an den durchschnittlichen Mann sind aufgrund des Bildungsvorsprungs der Frauen inzwischen so überzogen, dass er zwangsläufig daran scheitern muss. Im Beruf ist er gut, aber nie gut genug. Als Vater ist er liebevoll, aber mehr als ein Kind will er nicht zeugen, zumindest nicht mit der einen Frau. Im Haushalt tut er, was er tun muss, aber ohne wirkliche Leidenschaft. Im Bett spielt er wirkliche Leidenschaft, aber er spielt sie eben nur. Im Gespräch gibt er sich aufmerksam, aber nur um der Aufmerksamkeit willen. Im Theater schläft er ein. Das sind redliche Bemühungen im Einzelnen, die in der Summe nur eine dürftige Gesamtleistung ergeben – weil falsch gerechnet wird.

Es gilt, Beziehungen als das zu verhandeln, was sie sind: Bedarfsgemeinschaften. Als Frau sollten Sie sich vorab im Klaren sein über den wechselseitigen Bedarf an Zuneigung, an Zärtlichkeit, an Zeit, und natürlich an Geld. Der Mann ist es nicht. Er vertraut auf den Zufall – und auf die Frau, die es schon richten wird. Wenn die Frau dann tatsächlich die Initiative ergreift, wird es dem Mann schnell zu viel, und er beginnt zu jammern. Jammernde Männer wird man nur schwer wieder los. Manche Frauen neigen dazu, diese Männer zu heiraten, in der Hoffnung, dass dann das Jammern ein Ende hat. Aber meist verstärkt das vertraglich garantierte Zusammensein das Elend noch um ein Vielfaches. Denn die Zahl derer, die wirklich zur Liebe fähig sind, wird immer kleiner.

Von all den Einsamen, die nach Zweisamkeit suchen, ist nach meinem Empfinden bereits ein Drittel aller Suchenden beziehungsgestört. Männer wie Frauen dieser ersten Gruppe leiden in emotionaler Hinsicht an einer Hyperaktivitätsstörung, soll heißen, sie können ein Gegenüber immer nur als Spiegel ihrer selbst wahrnehmen, und das auch nur für kurze Zeit und auf so unverbindliche Weise, dass der übereilte Wechsel der Partner zur Gewohnheit wird. Stabilität bedeutet für diese Hektiker der Liebe Stillstand, Stillstand gleich Tod. Diese Menschen sind für die Liebe verloren. Ein weiteres Drittel der Suchenden hat so klar definierte Vorstellungen vom Partner wahlweise der Partnerin, dass wahre Liebe gar nicht mehr möglich ist, weil die Bereitschaft für Überraschungen fehlt. Bei diesen Perfektionisten der Passion ist es von vornherein sinnvoller, Match-Points zu addieren und den Kuppel-Computer kombinieren zu lassen. Das romantische Drittel der Suchenden gibt sich die Chance, ein Gegenüber zu entdecken. Wer Liebe will, muss Liebe suchen. Das klingt einfacher, als es ist.

Wie finden Sie den Mann fürs Leben? Die trügerischste Antwort: Sie müssen ihn nicht suchen – er findet Sie. Was all diese Happyend-Geschichten verschweigen: Er verabschiedet Sie auch wieder. Der aktiv suchende Mann, das lehrt die Erfahrung, ist der unzuverlässige Mann, denn er ist stets auf der Suche und will es auch bleiben, sonst wäre er kein Suchender. Das macht ihn so anziehend, und so gefährlich. Die goldene Regel: Halten Sie Sicherheitsabstand zum suchenden Mann, suchen Sie lieber selbst!

Einen qualifizierten Mann finden Sie nicht an unqualifizierten Aufenthaltsorten. Natürlich können Sie als Frau im Autohaus die Augen aufhalten, oder im Anglerbedarf, im Roof-Garden-Club, im Burger-Grill, im Fitnessstudio, aber irgendwann werden Sie die Augen tränend schließen, denn Sie sehen ihn nicht, den Mann Ihrer Träume. Das hat ganz unterschiedliche Gründe. Der offenbarste: Er ist nicht da! Zum Ersten, zum Zweiten: Sie wissen gar nicht, wie der Mann Ihrer Träume aussieht. Die Erscheinung modelliert die Träume, nicht der Traum die Erscheinung. Ihre Vorstellungen von einem idealen Mann sind sehr diffus, das ist ein genialer evolutionärer Trick, denn so können Sie als Frau Ihre Träume jederzeit der Realität anpassen. Das Herz ist auch nur ein Muskel. Er lässt sich trainieren. Liebe ist Übungssache. Dabei gilt es einige Grundregeln zu beachten.

1. Suchen Sie nicht den Pfau! Jeder attraktive Mann läuft irgendwann Gefahr, auf sein Aussehen reduziert zu werden. Schlimmer noch, sein Aussehen ist so einzigartig, so charakteristisch, dass es ihn im Lauf der Zeit immer mehr einschränkt: Der schöne Mann kann seine Maske nicht wechseln und folglich auch nicht seine Rolle, er bleibt immer der Schönling. Tatsächlich aber wird ein Mann umso schöner, je vertrauensvoller Sie ihn ansehen. Und nichts schafft mehr Vertrauen, als im Gesicht des Gegenübers immer wieder neu lesen zu lernen. Bevorzugen Sie den unauffälligen und zurückhaltenden Mann, denn sein Gesicht ist am wandelbarsten und folglich am interessantesten. Sie müssen den Frosch küssen. Erst dann wird er ein Prinz.

2. Halten Sie Abstand von eitlen Männern! Nur so können Sie sich selbst ins rechte Licht rücken. Woran erkennen Sie eitle Männer sehr rasch? Sie reden zu viel. Eitelkeit ist kein Oberflächenphänomen, sondern ein Charakterdefekt. Eitle Männer, wie eitle Frauen, kennen nur einen Gesprächspartner, der es wert ist, angehört zu werden: sich selbst. Die anderen sind stets nur Publikum. Warum haben eitle Männer dennoch so häufig Erfolg? Weil sie selbstsicher sind. Eitelkeit verleiht Sicherheit, auf Zeit. Aber sie gibt keine Sicherheit auf Dauer. Der eitle Mann ist selten Garant einer schönen Zukunft, denn er lässt sein Gegenüber gern schlecht aussehen, um sich selbst besser in Szene zu setzen.

3. Suchen Sie den gepflegten Mann! Das klingt vorgestrig. Aber wir Menschen sind vorgestrig. Wir reden modern, wir denken modern, wir kleiden uns modern – aber wir fühlen altmodisch. Redeweisen kann man ändern, aber Gefühle sind beharrlich. Wir alle wissen: Schönheit ist ungerecht. Nur schöne Menschen sind schön. Das klingt banal, birgt

aber eine wichtige Botschaft an alle weniger schönen Menschen. Auch unansehnliche Menschen können ansehnlich sein, wenn sie gepflegt wirken. Kein Mensch ist so hässlich, als dass er sich anderen nicht auch von seiner angenehmen Seite zeigen könnte. Angenehm in der Art, im Aussehen und im Auftreten. Das ist ein sehr demokratischer Gedanke, denn er gilt für alle. Die Verwendung der Seife, des Parfums, der Zahnbürste hat mehr Menschen einander nähergebracht als jede Paartherapie. Näher zusammenrücken, das geht allerdings nur, wenn die Körperhygiene als wechselseitige Verantwortung begriffen wird. Achten Sie auf den Geruch eines Mannes! Gute Männer riechen auch gut. Der ehrliche Mann verwendet kein Herrenparfüm, keine teuren Waschlotionen, keine Lifting-Gels und keine Straffungscremes. „An meine Haut", gestand mir ein von vielen geliebter Freund, „lasse ich nur Wasser und Babyöl. Abgezählte Tropfen genügen, um bei Frauen eine massive Ausschüttung des Bindungshormons Oxytocin zu veranlassen. Der wiedererweckte Kinderwunsch stimuliert unmittelbar die Attraktivitätswahrnehmung. Liebe geht durch die Nase."

4. Stellen Sie sich den Mann Ihrer Wahl im Anzug vor! Jede Frau, die das Stoffliche mag, sieht einen Mann ab und an gern im Blazer. Junge Frauen, alte Frauen, arme und reiche Frauen, alle freuen sich, wenn ein Mann Format zeigt. Der einfache Grund: Ein Mann im Anzug wirkt nicht mehr albern. Mein Name ist Bond, James Bond. Ziehen Sie Mr. Bond eine Jogginghose an – sofort verlieren Sie den Respekt. Der Körper des gewöhnlichen Mannes verlockt nur zum Applaus, wenn er gut verhüllt ist.

5. Lernen Sie hinsehen! Kluge Männer gönnen sich gute Schuhe und pflegen sie auch. Callgirls, heißt es, blicken

immer zuerst auf die Schuhe des Kunden. Nur wenn ein Mann in den weniger augenfälligen Dingen Geschmack beweist, ist ihm wirklich zu trauen. Auch finanziell. Männer mit Charakter verzichten auf Accessoires wie Einstecktücher und dergleichen. Das ist albern. Wer auf den ganz billigen oder sehr teuren Effekt Wert legt, taugt nicht für echte Gefühle. Der Siegelring gehört ins Pfandhaus. Die Armbanduhr sollte teuer, aber nicht protzig sein. Sie dient dazu, die Zeit anzuzeigen, nicht den Kontostand. Kein Ring, keine Manschettenknöpfe, selten, ganz, ganz selten Krawatte. Niemals Rollkragenpullover, der lässt einen unglücklichen Flirt des Mannes mit seinem eigenen Intellekt vermuten.

Ein neutrales Deodorant sollte selbstverständlich sein. Waldmeister ist keine passable Duftnote. Wichtig, eine unparfümierte Handcreme. Die Pflege der Hände und der Füße ist essenziell. Der unattraktive Mann wird durch gepflegte Hände nicht attraktiv, aber angenehm. Insbesondere, wenn er mit Gesten seine Worte unterstreicht. Schauspieler, Intendanten, Dirigenten, große Impresarios wissen das und lieben es, mit den Händen zu sprechen.

6. Lernen Sie die Sprache der Hände lesen! Die meisten Männer sind in manueller Hinsicht Grobiane, meist aus der Not des Instinkts, der sie stets nach Beute greifen ließ. Positiv gesprochen: Es mag beim Hausbau sinnvoll sein, wenn der Mann zupacken kann, in der Liebe ist es eher schmerzhaft. Es sind die kleinen Berührungen, die Vertrauen schaffen, weil sie Zaghaftigkeit signalisieren. Nur der zaghafte Mann macht auf Dauer Freude, weil er einen intimen, aber schmerzfreien Umgang ermöglicht. Von der Zaghaftigkeit ist es nicht weit zur Zärtlichkeit.

7. Achten Sie auf seine Stimme! Sie darf nicht zu verführerisch sein! Heiratsschwindler greifen gern auf die Dienste einer professionellen Stimmtrainerin zurück. Sie wissen, wie wichtig eine sanfte, einschmeichelnde Stimme ist. Der Weg ins Herz führt über das Ohr, nicht über das Auge. Viele Romanzen wurden durch eine zu schrille Stimmführung vorschnell ruiniert. Denn wichtiger noch als das, was sie sagen, ist, wie sie es sagen.

Zurück zur Ausgangsfrage: Wo finden Sie den gepflegten Mann? Gegenfrage: Wo möchten Sie als Frau gefunden werden? Viele Frauen beharren darauf, Beute zu sein. Das ist ein schwer zu korrigierender Irrtum. Wer gefunden werden will, ist darauf angewiesen, dass andere suchen. Gerade auch als Mann. Erfolgreiche Männer haben keine Zeit zu suchen. Schüchterne Männer haben keinen Mut. Kluge Männer keinen verlässlichen emotionalen Radar. Also begnügen sich die meisten Männer mit der nächstbesten, der längst bekannten oder der schnell wieder zu verabschiedenden Frau. Für eine Begegnung der besonderen Art aber braucht es Geduld und die richtige Umgebung. Jeden Tag begegnet eine Frau, so sie nicht für sich bleiben will, Hunderten von Männern. Wie viele davon spricht sie an? Von wie vielen wird sie angesprochen – Verkäufer und Bettler ausgenommen? Es herrscht im öffentlichen Raum ein schreckliches Stillschweigen zwischen den Geschlechtern. Nicht einmal mehr verlegene Blicke wechseln zwischen den Besitzern jener Handys hin und her, die aus uns Menschen bindungslose Trabanten gemacht haben, die in den Verkehrsströmen der Städte wirr aufeinanderprallen, weil die Augen beständig aufs Display gerichtet sind. Jede dieser Kollisionen ist im Nu vergessen, es sei denn, man trifft sich zufällig im Chatroom des nahe gelegenen Krankenhauses wieder.

Jeden Tag begegnet eine Frau Dutzenden von Männern, die es wert wären, angesprochen zu werden. Aber wenn sie sich neugierig zeigt, wird sie die aufdringlichen Blicke all jener ertragen müssen, die noch verzweifelt den Dialog suchen: Zeugen Jehovas, Hippies, Psychopathen, Senioren und Sonderlinge. Ein Parcours der visuellen Aufdringlichkeiten. Während die anderen Männer, die Männer, die als Partner infrage kommen, weiter mit ihrem Handy flirten. Selbst wenn sie aufsehen, haben sie nicht den Mut, die Frau anzusprechen, und selbst wenn sie den Mut hätten, sie anzusprechen, käme nicht mehr heraus als ein tonloses „Hallo" nebst mimischer Verzerrung, die allenfalls als Vorstufe eines Lächelns gedeutet werden kann.

Fazit: Der Traummann ist derzeit im öffentlichen Raum nicht verfügbar. Es gibt ihn, den charmanten Arzt, der den Menschen, nicht das Honorar sieht; den redlichen Anwalt, der Amal Ramzi Alamuddin Clooney am Internationalen Gerichtshof in Menschenrechtsfragen beisteht; den herzensguten Förster, der den abgeforsteten Regenwald wieder begrünen will. Aber – diese Männer sind bereits vergeben, oder sie haben zu viel zu tun.

8. Gewöhnen Sie sich an den Gedanken: Gewöhnlichen Frauen bleiben nur gewöhnliche Männer! Daran stören sich viele Frauen. Das ist schade, denn es nimmt ihnen viele Chancen. Und macht uns gewöhnliche Männer nicht gerade mutiger. Mich als Mann hat der Gedanke, normal zu sein, nie bedrückt. Im Gegenteil. Die eigene Gewöhnlichkeit gibt mir die Kraft, die Ungewöhnlichkeit der anderen zu ertragen. Das Ungewöhnliche stresst auf Dauer. Das Gewöhnliche beruhigt. Kein Herz will immer in Aufruhr sein, also: Versuchen Sie das Mögliche, nicht das Unmögliche! Ungezähmte Männer finden Sie nur in der Duschwerbung.

Der Mann in freier Wildbahn ist längst domestiziert: Homo homogenes. Alle sind einander irgendwie ähnlich geworden.

9. Küssen Sie den Frosch! Aber erwarten Sie sich keinen Prinzen. Der moderne Mann ist im Durchschnitt deutlich kommunikativer und weitaus weniger aggressiv als noch vor wenigen Generationen. Zwar gilt noch immer: Männer riechen, sind vorlaut, spielen dumme Spiele, aber sie machen auch viel Spaß. Gerade im Haushalt. Der moderne Mann ist inzwischen vielseitig verwendbar: beim Hausputz, in der Kindererziehung, bei Garten- und Grillarbeiten. Der feminisierte Mann widerspricht weniger, ist aufmerksamer beim Sex und defensiver im Streit. Viele Vorbehalte gegenüber dem Mann, die es auszuräumen gilt, sind ausgeräumt. Und was die Gegenseite angeht: Viele Mythen der weiblichen Überlegenheit sind von den Feministinnen in der Praxis des Zusammenlebens ad absurdum geführt worden. Frauen werden in Beziehungen mit Frauen nicht glücklicher. Das gleichgeschlechtliche Model hat sich als Regelmodell nicht durchgesetzt, weder bei Männern noch bei Frauen, obwohl es vordergründig viele Vorteile zu bieten schien. Aber in Liebesdingen gilt nach wie vor: Wir folgen unserer Natur, nicht unserem Verstand. Die Heterosexualität ist folglich kein Auslaufmodell, auch wenn die Medien zuweilen ein anderes Bild vermitteln. Mit der paradoxen Folge – je vielgestaltiger Sexualität in der Öffentlichkeit präsentiert wird, desto biederer wird sie zu Hause praktiziert. Weder Mann noch Frau wollen tagtäglich über das wahre Geschlecht ihres Gegenübers rätseln müssen.

10. Vermeiden Sie Ersatzhandlungen! Die Substitutionsmethode, soll heißen, Männer durch Haustiere zu ersetzen, ist wenig zielführend. Katzen sind stubenreiner als Män-

ner, enttäuschen auf Dauer aber emotional. Deshalb halten sich mittlerweile viele Frauen einen Hund. Bis ihnen auffällt, dass die feuchte Schnauze, die ihnen so liebevoll ins Gesicht stupst, gerade noch den Enddarm eines anderen Hundes tupfte. Zudem sind Hunde treu von Natur aus, was auf Dauer kein Zugewinn an Freude ist, weil alles Selbstverständliche langweilt.

11. Respektieren Sie das Männliche im Mann! Manche Frauen lieben sehr ungestüm, in der Hoffnung, es handle sich bei der Liebe um ein reziprokes Geschehen: Input gleich Output. Aber so funktioniert Liebe nicht. Als Frau sollten Sie immer daran denken, dass Männer die ihnen entgegengebrachte Liebe nicht in gleicher Weise erwidern, gar nicht erwidern können. Dazu wurde unsereiner nicht gemacht. Der Mann ist von der Natur erdacht worden, um sein kleines Säckchen mit Samen durch die Savanne zu tragen und alles zu bestäuben, was unbestäubt scheint. Dazu wurden ihm schnelle Beine und ein guter Orientierungssinn gegeben. Während des oft wochenlangen Umherstreunens machte der Mann sich Gedanken über dies und das, so entstanden Kunst und Wissenschaft und das Wanderlied.

Die Frauen saßen derweil zu Hause in der Höhle, zählten die Männer, die unversehrt heimkehrten, applaudierten ihren Geschichten und Gesängen und gaben sich ihnen mit wenig Begeisterung hin, um sie erneut zum raschen Auszug zu bewegen. Es waren nur die stärksten Männchen, die dieses Wechselbad der Gefühle ertrugen, deswegen herrschte damals ein so rauer Ton. Zumal den Frauen immer wieder Gefahr von anderen umherstreunenden Säckchenträgern drohte. Deren Besuche wurden zuweilen verschwiegen, zuweilen in Einzelkämpfen von mutigen Söhnen abgewehrt oder kollektiv in blutigen Kriegen vergolten. Die Zeiten wechselten, die Moden auch, aber das Hauptding der Männer ist es immer noch, ihr Säckchen spazieren zu tragen und zu lüften, bevorzugt in der U-Bahn.

Die Geschichte schreitet nicht voran, sie wiederholt sich. Wir sind Gefangene unserer Gene beziehungsweise der Ablehnung ihrer Macht. Je weniger eine Frau einen Mann mit Erwartungen strapaziert, umso folgsamer wird er parieren. Männer sind lustig, wenn man sie artgerecht hält. Aber Sie dürfen als Frau niemals vergessen, welche Erblast ein Mann mit sich herumschleppt: Er glaubt, das stärkere Geschlecht zu sein, und so wirft er sich mental immer wieder einen Knüppel zwischen die Beine, der ihn emotional stolpern lässt.

12. Wenn Ihnen ein Mann gefällt, sprechen Sie ihn an! Er wird es nicht tun. Sie müssen ihn ansprechen. Oder zumindest eine Situation kreieren, in der es ihm leichtfällt, Sie anzusprechen. Männer sind zunehmend darauf angewiesen, gestisch zu kommunizieren, weil sie durch exzessive Handynutzung in ihrem Sprachvermögen stark eingeschränkt sind. Eine Möglichkeit: Lassen Sie einfach etwas fallen, damit er es Ihnen mit glücklichem Apportierblick wieder zurückgeben kann. Geraten Sie ins Stolpern, vielleicht fängt er Sie mit seinen starken Armen auf – verlassen sollten Sie sich darauf allerdings nicht. Finden Sie die richtigen Worte, aber vertun Sie nicht so viel Zeit damit, sie zu suchen. Seine Aufmerksamkeitsspanne ist sehr begrenzt.

Leider ist es noch immer die absolute Ausnahme, dass eine Frau einen Mann direkt anspricht. Viele wählen den Umweg über Partnerportale. Homogenisierung der Leidenschaft: Wo Fremdheit war, soll Vertrautheit geschaffen werden, ohne den Umweg aller Wagnisse.

13. Vergessen Sie das Pairing-System! Je mehr Sie in Ihren Ansprüchen mit Ihrem potenziellen Partner übereinstimmen, desto größer ist die Wahrscheinlichkeit, dass Sie sich als Paar langweilen. Harmonie ist nur ein anderes Wort für Lustlosigkeit. Je einvernehmlicher ein Paar, desto nutzloser die Libido, Letztere zu definieren als Versöhnungsenergie, die in solchen Beziehungen nicht mehr freigesetzt werden muss, weil es an Konflikten mangelt. Liebesbegegnungen im Sinne wirklicher Konfrontationen, die zwei Fremden Zeit lassen, einander fremd zu bleiben, spannungsgeladen, sind selten geworden. Der schnelle Konsens ist Pflicht. Es fehlt die Zeit und vor allem der Wille, den Gefühlen Zeit zur Entwicklung zu lassen. Jede Liebe, wenn sie Bestand haben soll, muss ihre eigene Geschichte haben.

14. Suchen Sie nicht, wo alle suchen! Wo würden Sie als intelligente alleinstehende Prinzessin ihren Prinzen vermuten? Im Museumscafé? Sehr gute Wahl. Dort sind Sie mit allen anderen alleinstehenden Prinzessinnen unter sich und können Erfahrungsaustausch betreiben, wo denn all die Prinzen geblieben sind. In den Bars der großen Hotels? Dort sitzen Sie abends ungestört, weil unbeachtet auf Aschenputtels Hocker, während sich die einsamen Männer im Rudel an der Biertränke zusammentun, um den Halbmond ihrer Karriere anzuheulen.

Nein, Prinzen sitzen nicht an der Bar, Prinzen fahren Bundesbahn. Gehen Sie in den Speisewagen, setzen Sie sich an einen der großen Tische, und zwar entgegen der Fahrtrichtung, denn ein liebenswerter Mann wird sich stets mit der Frage zu Ihnen setzen, ob Sie nicht lieber doch in Fahrtrichtung sitzen wollen. Gehen Sie nicht erst um die Mittagszeit in den Speisewagen, sondern zum zweiten Frühstück, so gegen zehn, wenn viele Plätze verfügbar sind und Sie die

Eintretenden mit Blicken dirigieren können. Sobald ein Mann Ihrer Wahl eintritt, blicken Sie kurz freundlich von Ihrem Kindle-Tolino hoch, lächeln unbestimmt in die Ferne und wenden sich dann defensiv zum Fenster, um den Platz Ihnen gegenüber unbeobachtet erscheinen zu lassen. Prüfen Sie seine Bestellung! Ein Mann, der Bier zum Mittagessen trinkt, ist kein guter Mann. Ein Mann, der Wein trinkt, nicht zwangsläufig ein schlechter. Orangensaft wirkt angestrengt, vergleichbar dem Tomatensaft im Flugzeug. Ein stilles Wasser ist zu feminin. Mineralwasser mit Kohlensäure ist das Getränk der Wahl, Medium. Leider sind Mineralwassertrinker oft nicht sehr gesprächig.

Woran erkennen Sie als Frau die Gesprächsbereitschaft eines Tisch- oder Sitznachbarn? Indem Sie ihn ansprechen! Die Körper erkennen einander früher als die Köpfe. Wenden Sie sich ihm zu und lächeln Sie. Ein einfaches Lächeln will gelernt sein. Lächeln Sie, als seien Sie mit sich und der Welt im Reinen. Das eröffnet alle Horizonte. Sofern die ersten Worte sie nicht sofort wieder verbarrikadieren. Ein „Hallo" genügt vollkommen. Wenn der Mann Ihnen antwortet, ist schon viel gewonnen, auch wenn sein „Hallo" sich nur wie ein fernes Echo Ihres eigenen „Hallos" anhören mag.

Worüber unterhalten Sie sich im Speisewagen? Über das, was auf dem Teller liegt. Das Essen bietet bei der Deutschen Bundesbahn immer ausreichend Gesprächsstoff. Wählen Sie den Eintopf, er ist gesund, sofern er vegetarisch ist, und ein wunderbarer Gesprächseinstieg, was die Kochkünste der Mütter im Allgemeinen und die eigenen im Besonderen angeht.

Sie hassen Eintopf, Sie fahren als Frau ungern Bahn, Sie wünschen keine Zeitreise und schon gar kein Gespräch über Ihre Mutter und wollen dennoch einen interessanten Mann kennenlernen? Früher wurde als abendlicher Aufenthaltsort für dialogfähige Singles gern die gute Buchhandlung vor Ort empfohlen, insbesondere wenn Autorenlesungen anstanden. Aber bei Lesungen treffen Sie keine Männer mehr, die Frauen gefallen könnten. Glückliche Männer lesen keine Bücher, warum sollten sie? Unglückliche Männer lesen auch keine Bücher mehr. Und wenn doch, lesen sie Bücher, die Frauen nicht interessieren. Wenn Sie als Frau also nach der Lesung in Erwartung eines interessanten Gesprächs mit einem Glas Wein neben dem Büchertisch stehen, werden Sie sehr lange dort stehen bleiben, allein. Oder sehr schnell fliehen, weil sich Ihnen einer jener Kulturgreise nähert, die von gestern erzählen, als wäre es heute, was den Erzählenden stets jünger und sein Gegenüber stets dümmer erscheinen lässt.

So unmöglich es ist, auf Erotikmessen erotische Menschen zu treffen, so auswegelos ist es, auf Buchmessen, Bootsmessen, Touristik- oder Lebensmittelmessen liebenswerte Männer zu finden. Kunstmessen sind eine Ausnahme, aber keine willkommene, denn dort finden Sie sehr viele artifizielle Charaktere. Über moderne Kunst kann man wunderbar gemeinsam lachen, sofern es sich bei dem Gegenüber nicht um einen Künstler, Galeristen oder sonst wie Kunstbegeisterten handelt.

Vernissagen? Besser. Vernissagen sind Freiräume der Erwartung, weil sie die urbane Laufkundschaft anziehen. Viele Männer glauben, in Galerien schöne Frauen zu finden, einfach weil es Ausstellungsräume sind. Der Gedankengang ist naiv, aber nicht unlogisch. Männer, die auf Vernissagen gehen, sind interessant, weil nicht ohne Erwartung. Frauen, die auf Vernissagen gehen, suchen interessante Männer, die auf Vernissagen gehen, sind also selbst voller Erwartung. Insofern könnten Männer wie Frauen dort wirklich fündig werden, wäre da nicht die Kunst, und die Notwendigkeit, darüber gemeinsam ins Gespräch zu kommen, was selten gelingt, es sei denn, man lacht gemeinsam über Künstler, Galeristen oder sonst wie Kunstbegeisterte.

Auf Trödelmärkten ist es viel leichter, sich unverfänglich zu begegnen. Dort finden Sie Verheiratete und Unverheiratete, Schnäppchenjäger und Sammler, unruhige und meditative Charaktere; alle Arten von Menschen sind dort an sonnigen Tagen versammelt. Niemals bei regnerischem Wetter auf einen Trödelmarkt gehen, denn dann sind nur die Profis unterwegs und die alleinerziehenden Väter. Gehen Sie auf Jahrmärkte, kaufen Sie Glückslose im Dutzend und verschenken Sie sie an alle entgegenkommenden Männer, die Ihnen zulächeln. Den Rest geben Sie den Kindern. Oder den Sanitätern, die Sie abführen wollen. Tun Sie in der Not Ihrer Einsamkeit etwas Verrücktes, Männer tun das unentwegt.

Shoppen Sie, noch gibt es die Warteschlangen vor den Kassen der Supermärkte, auch dort wartet das Glück. Noch können Sie sehen, was Ihre Vorgänger an der Kasse auf das Band legen. An den Einkäufen ist jeder Mann in seinem Beziehungsstatus und seinen Eigenarten zu erkennen. Gewissenhafter als in der Beichte zeigt sich das männliche Ego auf dem Warentransportband. Die Einkäufe verraten, ob der Mann großzügig oder sparsam ist, ernährungsbewusst oder selbstvergessen, Asket oder Lüstling, Spießer oder Genießer. Ein Dutzend Artikel – mehr braucht es in der Regel nicht für ein erstes Profiling.

Kein Mann wird Kondome in einem Supermarkt kaufen, aber eine mittelgroße Flasche „Jägermeister" nebst einer Tüte „Goldfischli" verraten auch so die Koordinaten seiner Verlorenheit. Eine Flasche Retsina hingegen und eine Dose Sardinen führen ins Nirwana gewesener Urlaubsfreuden, wo es keine Reisebegleiterin mehr braucht. Bei Spirituosen gilt generell: Stopp. Dunkelrote Warnleuchte. Finger weg von Männern, die harte Alkoholika in Supermärkten kaufen. Ausnahme: Eierlikör. Wären diese Männer Genießer, Kenner, Connaisseurs, würden sie die Ware in den entsprechenden Fachgeschäften erwerben. Cognac, Rum, Obstbrände sind Verkostungswaren, die erwirbt ein Mann oder eine Frau nicht einfach so im Supermarkt. Da können auf dem Warentransportband noch fünf Kilo Biokarotten folgen, die dann ungeschält in der Komposttonne entsorgt werden – sie oder er sind suizidal suchtgefährdet. Eine der wenigen Paarungsregeln, die unumstößlich ist, sofern Sie die Kraft haben, sie einzuhalten: Niemals eine Beziehung mit einem Abhängigen eingehen. Sein Unglück wird Ihr Unglück.

Keine Scheu vor Warteschlangen im Einzelhandel! Dort sind Männer am aufgeschlossensten. Die nettesten Dialoge ergeben sich oft in Bäckereien oder Metzgereien, wenn Sie sich als Unkundige unter Kundigen zu erkennen geben. Die Anatomie des Rindes ist nicht ohne Reiz, sofern sie Ihnen von einem versierten Freizeitkoch erläutert wird. Gleiches gilt für den Zauber der Artischocke, so ihn ein Veganer im Hofladen Ihres gemeinsamen Vertrauens schmackhaft macht. Wenn Sie die kleinen Feinkostgeschäfte als zu intime Orte scheuen, wandeln Sie durch die Gourmetabteilungen der großen Warenhäuser und zeigen Sie Interesse an allem, vor allem an Belehrungen. Denn das tun Männer noch immer mit Passion.

Stellen Sie sich für Kinopremieren an, für Theaterpremieren, für ausverkaufte Konzerte. Niemand muss sich dafür schämen, eine letzte Chance wahrnehmen zu wollen, im Gegenteil, das verrät Beharrlichkeit, Enthusiasmus und Stehvermögen, alles Eigenschaften, die auch in einer Partnerschaft verlangt werden, insbesondere in einer Beziehung mit einem musischen Mann. Besuchen Sie klassische Konzerte, meinetwegen nur in den Pausen, wenn alle ins Foyer drängen oder nach draußen, ins Freie. Mischen Sie sich unter Menschen, die mitteilen wollen, wie ergriffen sie sind. Geben Sie sich so unwissend, wie Sie sind. Unbeholfenheit wirkt charmant. Unwissenheit schafft Handlungsbedarf. Bei Frauen wie bei Männern. Entlasten Sie Ihr Herz von allem Wissensballast, aber merken Sie sich die Namen der einschlägigen Komponisten und das entsprechende Gefühlsraster, denn gerade in der modernen Musik wurde viel ausschließlich für Einzelgänger komponiert. Meiden Sie Jazzer und Zwölftonmusiker, die können in der Regel nur für sich sein. Wagner versammelt die Pompösen, Mozart die Leichtsinnigen. Mein Tipp: Brahms und Dvořák.

Wenn Sie das große Publikum scheuen und ruhigere Stunden verbringen wollen, gehen Sie ins Museum. Niemals in das Natur- oder Völkerkundemuseum, dort sind die Familien und die unvermittelbaren männlichen Singles, gehen Sie zu den alten Meistern. Menschen, die Rückhalt in der Tradition suchen, sind meist liebenswerte, weil treue Menschen. Bleiben Sie vor einem beliebigen Bild Ihrer Wahl stehen, irgendwann kommen Sie unweigerlich ins Gespräch, denn Ihre Beharrlichkeit wird nicht nur dem Wachpersonal auffallen. Die meisten Menschen huschen durch die Räume eines Museums, als würden sie von den Blicken der Porträtierten verfolgt. „Wunderschön", mehr braucht es nicht, wenn Sie Degas „Tänzerinnen" bewundern. Warum Frauen Degas lieben und Max Ernst meiden? Die Namen verraten es: Degas ist Musik, Beschwingtheit in Farbe, Max Ernst Konstruktion, Gedachtes in Formeln. Degas malt Träume. Jeder Mensch will träumen! So in etwa sollte der Text sein, den sie vortragen, monologisch, mit versonnenem Blick. Wenn der so Angesprochene aufmerksam lauscht, umso besser. Wenn er unmittelbar geständig von seinen eigenen malerischen Anfängen in einem Aquarellkurs in der Provence erzählen möchte, findet er in Ihnen eine dankbare Zuhörerin! Setzen Sie die Unterhaltung im Museumscafé fort, sprechen Sie über dies und das, und darüber, welche Bilder Sie gern kaufen würden oder schon gekauft haben. Wenn ihn das einschüchtert, trinken Sie aus und gehen Sie auf der Stelle. Ein Mann darf arm sein, aber nicht mutlos.

15. Geben Sie nicht auf! Natürlich sind Anfänger nach solchen Niederlagen immer wieder versucht, zur Anbahnung persönlicher Beziehungen erneut Dating-Portale zu nutzen, aber dann stehen Sie als Frau sehr schnell im Verdacht, ein doppeltes Spiel zu spielen. Zudem ist Ihr Bild im Umlauf und wenn Sie als Frau etwas vermeiden sollten, dann sind es öffentliche Auftritte im Netz. Bilder überdauern. Das erlaubt Vergleiche zu früher, und zu später, und zu anderen. Meiden Sie Fotos, wo immer es geht. Sie riskieren als erfolgreiche Frau einfach zu viel, wenn Sie das Netz als Partnerbörse nutzen. Und Sie gewinnen zu wenig. Welcher Mann hat es nötig, im Netz eine Partnerin zu finden? Die Verlorenen, die Verlassenen, sicher, aber schlimmer noch sind die Gelangweilten. Männer, die es gar nicht ernst meinen, die nur auf den Kick mit dem Klick aus sind. Mit denen Sie Essen gehen, einen schönen Abend verbringen, mit denen Sie ein Gespräch führen, sehr intensiv, und von denen Sie nach einigen Tagen einfach wieder verabschiedet werden, weil schon die Nächste in der digitalen Warteschlange posiert. Die Jüngere. Die meisten Männer suchen Frauen, die nicht ihrem Alter entsprechen. Das ist ihrer Unreife geschuldet. Wer den Blicken älterer Männer folgt, findet stets die jüngere Frau. Junge Frauen müssen von daher immer damit rechnen, von den falschen Männern angesprochen zu werden.

Ältere Frauen müssen damit rechnen, gar nicht mehr angesprochen zu werden. Darüber zu klagen, hat wenig Sinn. Insofern haben Sie als Frau ein erhöhtes Interesse daran, sich den Mann Ihrer Wahl von Anfang an so zu erziehen, dass er nur noch Augen für Sie hat. Mehr dazu im zweiten Kapitel.

16. Wählen Sie den richtigen Beruf! Welche Berufsgruppen kommen bei der Partnersuche infrage? Alle Männer, denen der Beruf viel freie Zeit lässt, scheiden aus, denn das geht zulasten Ihrer persönlichen Freiheit. Interessant ist naturgemäß der selbstständige Mann. Ein kleiner Betrieb, nichts Großes, nichts, was eine Mitarbeit Ihrerseits nötig macht. Der Handwerker wird als Mann wie als Arbeitgeber von den Akademikerinnen noch immer unterschätzt. Hüten Sie sich vor Juristen, vor Fachärzten und Architekten. Sofern sie erfolgreich sind, leiden sie unter ihrem napoleonischen Ego, sofern sie erfolglos sind, desgleichen. Hüten Sie sich vor Alphatieren im Allgemeinen, so reizvoll sie auf den ersten Blick auch sein mögen. Die Selbstausbeutung der Männer macht auch vor dem eigenen Selbstbewusstsein nicht halt. Von daher brauchen gerade Führungskräfte ständig emotionalen Zuspruch. Nichts ist anstrengender, als einem Mann immer wieder einreden zu müssen, er sei der Größte.

Hüten Sie sich vor jungen Männern, die als Juniorpartner eine große Zukunft vor sich zu haben scheinen. Diese Männer sind mit Alphas wie Steve Jobs, Elon Musk, Jeff Bezos, Larry Page, Mark Zuckerberg und all den anderen Start-up-Titanen groß geworden. Sie halten Charisma für ein männliches Privileg, messbar in Bitcoins. Aber noch gilt die Weisheit der Mütter: Traue niemals einem jungen Mann! Im engeren Sinn: Traue niemals einem Mann, der Karriere machen will. Welchen Grund sollte er haben, ehrlich mit anderen Menschen umzugehen, insbesondere mit Frauen?

Er weiß doch sehr genau, dass zwei Karrieren niemals eine Partnerschaft ergeben.

Erfolgreiche Männer mögen keine erfolgreichen Frauen – glauben viele Frauen, und sie haben recht. Die meisten Männer bevorzugen nach wie vor die mütterliche Frau, möchten aber dennoch, dass ihre Partnerin auf eigenen Beinen stehen kann, insbesondere finanziell. Wobei mütterlich nicht zwingend heißt, dass die Frau selbst Kinder gebären soll, sondern zunächst und vor allem, dass sie gewillt ist, auch einen in die Jahre gekommenen Kindskopf namens Peter Pan unter ihre Fittiche zu nehmen. Der verunsicherte Mann will, dass die Frau sich um ihn kümmert, um ihn ganz allein. Der verunsicherte Mann kann nicht begreifen, warum sich Frauen in Sozialberufe drängeln, wo sie jahrelang mit kindischen Kindern oder gruseligen Greisen ihre Zeit vertun, während zu Hause eine viel größere Herausforderung auf sie wartet.

17. Suchen Sie einen Mann mit Verantwortungsgefühl! Sie wollen einen erwachsenen Mann, Sie wollen ein Kind, aber Sie wollen den beiden zuliebe nicht auf Ihre Karriere verzichten? Dann halten Sie Ausschau nach einem alleinerziehenden Vater. Nein, nicht auf Kinderspielplätzen! Dort fallen Sie als alleinstehende Frau nur unangenehm auf und sind, ehe Sie sich versehen, als Kindsräuberin auf diversen Facebook-Fahndungsseiten besorgter Eltern gelistet. Verzichten Sie auf Urlaubsflirts in Robinson-Clubs, denn in den Ferien gelten meist andere Kinderbetreuungszeiten als im Alltag. Halten Sie sich von Cafés in der näheren Umgebung von Yoga-Studios fern, in denen alleinerziehende Väter nach dem Training auf alleinerziehende Mütter lauern. Männer, die Yoga machen, suchen den Dialog mit dem eigenen Körper, nicht mit Ihnen. Gehen Sie in die Kinder-

buchabteilung des größten Buchladens vor Ort, bitten Sie die freundliche Verkäuferin um Rat bei der Auswahl eines klugen Kinderbuches für Ihre kleine Nichte und warten Sie ab, wer sich noch ins Gespräch einbringt. Vom nettesten Diskussionsteilnehmer lassen Sie sich zu einem Espresso einladen. Wenn er ihn mit Milchschaum verrührt, zahlen Sie für beide und gehen.

Ein guter Ort, um alleinerziehende Männer in Not kennenzulernen, sind Gemeinschaftspraxen. Zu jeder Jahreszeit treffen Sie dort aufgewühlte Väter, mit denen Sie sehr leicht über die wichtigen Dinge des Lebens ins Gespräch kommen. Moderne Männer denken heutzutage viel menschlicher und weniger wissenschaftlich. Finden Sie Gemeinsamkeiten: Der Homöopathie immer nur dann vertrauen, wenn es hilft! Dem Arzt grundsätzlich misstrauen, wenn er nicht ganzheitlich denkt! Auf Nahrungsmittelgifte und genetisch Gewandeltes verzichten, wann immer es sich herausschmecken lässt!

Sie können sich in diesen Fachgesprächen ganz unauffällig nach dem Gesundheitszustand des Kindsvaters erkundigen. Die meisten alleinerziehenden Väter leiden am akuten Erschöpfungssyndrom, dagegen lässt sich gemeinsam gut vorgehen. Depressionen hingegen und postpubertäre Traumata sind außerhalb der Reichweite Ihres heilpraktischen Könnens.

Moderne Männer verbringen gerne Zeit mit Ärzten respektive mit Menschen, die ebenfalls gerne Zeit mit Ärzten verbringen. In den Wartezimmern bleibt Ihnen viel Muße, die einschlägigen Männerzeitschriften zu studieren. Lesen Sie die Horoskope aller Sternzeichen, nichts zahlt sich schneller aus als alltagstaugliches Basiswissen in Astrologie, Grafologie und Chiromantie. Ein Scherz, der niemals altert, zumal, wenn ihn eine Frau äußert: „Darf ich um Ihre Hand bitten?" Er wird sie Ihnen geben, aber nur, wenn Sie auch daraus lesen. Versprechen Sie als Zugabe eine Zukunftsschau mit eigenhändig kolorierten Tarotkarten und er wird erwartungsfroh sein Herz zu Ihren Füßen legen, was Ihnen genug Zeit verschafft, auch noch die restlichen Kandidaten zu sichten.

18. Vermeiden Sie jeglichen Kontakt mit Männern aus den sogenannten ‚kreativen' Berufen! ‚Kreative' Berufe sind Berufe, in denen sich ‚Erfolg' selten materiell realisiert, sondern in der gespenstischen Form des ‚Ruhms' darstellt. Keine Schauspieler kontaktieren – niemals, auch nicht zum Vergnügen, denn sie schauspielern stets auch im Privaten. Zudem werden sie mehrheitlich schlecht bezahlt und sind folglich psychisch wie ökonomisch unverhältnismäßig betreuungsintensiv. Keine bildenden Künstler, wozu ich auch Autoren aller Art rechne beziehungsweise Männer, die journalistisch arbeiten, was für Frauen ein Brotberuf ist, für Männer hingegen eine ‚Berufung'. Aber Idealismus zahlt sich in keinem der sogenannten kreativen Berufe aus. Zudem können die wenigsten Künstler mit Geld umgehen und brauchen von daher ständig Rat und fremdes Kapital. Was noch bedenklicher ist, Künstlernaturen, und darauf sind sie ja in der Regel auch sehr stolz, können weder mit den eigenen Gefühlen noch mit denen anderer haushalten, sie agieren stets auf der Grenze, weshalb sich der Begriff „Grenzgänger" für sie eingebürgert hat. Das klingt abenteuerlich, für viele auch attraktiv, insofern es sich auf ein Gallery-Weekend oder ein Plein-Air beschränkt, im täglichen Zusammenleben aber ist dieses Grenzgängertum viel zu nervenaufreibend.

Meiden Sie Männer, die im höheren Kulturbereich tätig sind! Die sogenannten Sonntagsberufe: Kuratoren, Eventmanager, Galeristen, Theatermacher, Impresarios. Jäger der Singularität, des einen ganz besonderen Moments also, der sich in nichts weniger als sofortiger Unsterblichkeit auszahlen soll, vom Publikum aber meist nur mit kleiner Münze honoriert wird. Nichts ist derzeit vergänglicher als Ruhm, von daher lässt sich Erfolg nur noch ökonomisch definieren – sofern er erarbeitet wurde und nicht ererbt.

Meiden Sie reiche Männer, die ihren Reichtum dem Tod anderer verdanken, seien es die Eltern oder die Ehefrauen. Sie können nie wissen, ob alles mit rechten Dingen zuging. Reiche Erben haben keine Zukunft, nur eine Vergangenheit.

19. Achten Sie auf den Biorhythmus! Wann ist die beste Jahreszeit, einen Mann anzusprechen? Der beste Monat ist nach Meinung aller Experten der März. Da ist der Frühling nah, aber meist nur als Ahnung. Der Winter war lang und erschöpfend. Die Sonne wärmt, in den schönen Momenten, aber sie ermüdet noch nicht. Der Himmel ist weit, weit offen und der Blick der meisten geht nach vorn. Der Zeitpunkt des Kennenlernens ist von großer astrologischer Wichtigkeit und wird oft unterschätzt, weil die meisten in der Gegenwart nicht das Nahen der Zukunft erkennen können. Für die Liebe braucht es den Sommer. Der Spätherbst wird sehr überschätzt, denn er verführt immer ein wenig zur Wehmut. Kein sehnsuchtsvoller Mensch verbringt den November gern in Deutschland.

20. Sortieren Sie Ihre Gefühle multiperspektivisch! Wie viele Männer sollten Sie gleichzeitig im Blick haben? Mehr als einen, weniger als zehn, so behalten Sie noch den Überblick. Aus diesen Kontakten sortieren sich dann rasch die letzten drei Kandidaten heraus. Da die meisten Männer nach einigem Zögern zu dem Entschluss kommen, vorläufig doch

noch nichts Ernstes wagen zu wollen, müssen Sie sorgsam mit diesen drei Finalisten umgehen. Sie haben sich bereits für einen dieser drei Männer entschieden? Oder für zwei oder gar für alle drei? Im nächsten Kapitel lernen Sie, in alphabetisch geordneten Lektionen, wie Sie diese Männer an sich binden, einzeln, im Duett oder als Trio.

II. Binden Sie sich –
fesseln Sie andere

Immer schon gewusst, nie geglaubt: Je fester Sie einen Mann fesseln, desto rascher will er sich aus diesen Fesseln lösen. Also halten Sie ihn genau so weit auf Abstand, dass er die Fesseln nicht mehr spürt. Männer zieren sich gern. Fühlen Sie strategisch: Temperieren Sie Ihre Liebe! Das funktioniert, das muss funktionieren, denn die beste Freundin einer Frau kann nur ein Mann sein, sofern er kein Karrierist ist. Frauen untereinander sind zärtlich, zutraulich, intim, aber niemals loyal. Es gibt Ausnahmen, namentlich „Thelma und Louise", aber diese Ausnahmen gibt es nur im Film oder in der Literatur. In der wirklichen Welt können Frauen nur Männern wirklich vertrauen. Warum das so ist? Ich weiß es nicht, aber ich habe einen Verdacht, der sich aus der Erfahrung meines eigenen Unvermögens speist. Der gewöhnliche Mann ist ein Mängelwesen, er ist ständig auf Hilfe angewiesen, selbst bei der Sockensuche. Ohne weiblichen Beistand sind Männer führungslos. Die Frau hingegen ist von Natur aus selbstständiger und nur in singulären Momenten auf die Beihilfe eines Mannes angewiesen, beim Öffnen der Halskette beispielsweise und bei der Zeugung. Wer hilfsbedürftig ist, muss vertrauen lernen. Männer wollen Frauen vertrauen können. Das bindet. Ohnmacht bindet. Meist wird behauptet, es sei die Liebe, die Mann und Frau bindet. Aber die Liebe ist nur ein Gefühl. Die wenigsten Frauen wissen, was unter diesem Gefühl ‚Liebe' wirklich zu verstehen ist. Wie sollten sie auch? Einen zureichenden Grund, einen Mann zu lieben, gibt es nicht. Sie müssen darauf vertrauen, dass er sich irgendwann gleichsam von selbst einstellt, oder

gemeinsam erarbeitet wird. Oder im Kinderwagen daher-
gerollt kommt.

Liebe, sofern sie offen eingestanden wurde, ist ein münd-
licher Vertrag zur Sicherung der wechselseitigen Anwesenheit, wobei offenbleibt, wem diese Anwesenheit letztlich
nützt und über welchen Zeitraum sie sich erstrecken sollte.
Im Falle des Mannes ist das Bedürfnis relativ leicht einzu-
grenzen: Der Mann braucht eine feste Umlaufbahn, sonst
irrt er ziellos wie ein Komet durch die Weiten eines rätsel-
haften Universums, welches sein Schweif nur unzureichend
erhellt. Weil er um seine Schwäche weiß, sucht er sich eine
Umlaufbahn, die er als größtmöglichen Radius der Freiheit
begreifen kann. Modell Erde und Mond.

Wie stellen Sie als Frau diese Bindung her, die von
männlicher Seite nicht als Bindung begriffen werden darf?
Nicht, indem Sie von Liebe sprechen! Sondern durch einen
festen Stundenplan, der die Koordinaten des Trabanten-
flugs vorgibt. Organisieren Sie sein Leben und Sie haben
ihn in der Hand. Ihre Gravitationskraft ist seine unsichtbare Fessel. Kein Mann wird eine Frau für eine Jüngere
verlassen, es sei denn, er erhält die Gelegenheit dazu. Minimieren Sie seine Freizeit. Ermüden Sie ihn durch Akti-
vität. Gestatten Sie ihm Hobbys. Wer pokert, geht nicht
fremd. Das Wesen der Bindung ist: lockere Leinenfüh-
rung. Nur so können Sie die Wirkkraft Ihrer Anziehung
anstrengungslos erhalten. Einige werden das vom Skifah-
ren kennen: Die Bindung des Skis muss sich im richtigen
Moment lösen, sonst geschieht Schlimmes. Der Bume-
rang muss fliegen, denn nur im Rückflug begreift er den
Zauber seiner Krümmung. Liebe, physikalisch betrachtet,
ist nichts anderes als ein solches Krümmungsphänomen,
Krümmung des Raums, der Zeit, und zuweilen des Rück-
grats. Hier nun die Geheimnisse der ,bindungslosen Bin-

dung', insofern ich sie als Mann entschlüsseln konnte, in alphabetischer Listung:

Aufmerksamkeit

„Lass uns reden" – ein Satz, der bei Männern stets Schrecken auslöst. Worüber reden, wozu reden, das sind die dann gängigen ‚Notwehr-Fragen', deren Beantwortung den Abwehrenden im Grunde gar nicht interessiert, denn er will nur Zeit gewinnen. Seit dem Tag, da Adam wider besseres Wissen auf Eva hörte, fürchten Männer, dass sie nie etwas richtig machen können, insofern sind sie in Gesprächssituationen instinktiv in der Abwehr. Reden heißt gestehen. Ein archaischer Impuls aus den Zeiten, da der Mann vor Gott noch Rechenschaft ablegen musste über sein Tun. An die Stelle der Beichte ist das einseitig einvernehmliche Gespräch getreten. „Lass uns reden" ist der befohlene Dialog, der für den gewöhnlichen Mann schon deshalb meist zur Qual wird, weil er nichts zu sagen hat. Also müht er sich um jene Art des sanften Sprechens, die das eigene Argument immer schon als das schwächere erscheinen lässt. Er weiß: Heutzutage entscheidet die Art und Weise, wie miteinander geredet wird, über die Qualität des Zusammenlebens, nicht die Inhalte. Ein gutes Gespräch übertrifft an Lustgewinn alle anderen partnerschaftlichen Aktivitäten, es bleibt lange in Erinnerung, es kostet nichts, am allerwenigsten körperliche Kraft, und es ist jederzeit und überall zu führen, auch zu Hause.

Worüber reden? Über alles will sie reden, seufzen Männer, denen das Inhaltliche das Bedeutsamere in einem Gespräch scheint. Nein, nicht über alles, über nichts! Die Kunst der harmonisierenden Gesprächsführung ist es, über nichts zu reden. Dieses Nichts, so werben Paartherapeuten, dürfen Sie sich vorstellen als ein unermesslich weites und weiches

Himmelbett, in das sie beide sich ohne weiteres Nachdenken fallen lassen dürfen. Der Inhalt eines Gesprächs ist nur die heiße Luft, die sie im Fesselballon über die Ebenen des Alltags trägt, der weit unter ihnen bleibt, wenn sie, ja, wenn sie nicht über Handfestes streiten. Eine gemeinsame Sprache finden heißt, im Tanz der Worte aneinander-vorbei-reden. Sie halten sich rhetorisch, aber sie klammern nicht.

Im Gegensatz zum konfrontativen oder argumentativen Gespräch ist es Sinn und Zweck des partnerschaftlichen Gesprächs, mein Gegenüber wahrzunehmen, mein Gegenüber mich wahrnehmen zu lassen. Das fällt Männern schwer. Männer unterhalten sich ungern mit Frauen, weil der Barbar in ihnen flüstert: kopulativer Aufschub. Darauf müssen Sie als Frau Rücksicht nehmen. Wenn Sie einen gewöhnlichen Mann zum Zuhören bewegen wollen, müssen Sie ihm eine Prämie in Aussicht stellen. Einen Aufmerksamkeitsbonus gewissermaßen. Aber nicht von der ausgleichenden Art: „Wenn du mir zuhörst, hör ich dir zu." Das ist zu kurz gedacht. Männer wollen meist gar nicht über sich reden, zumindest nicht mit Frauen. Erst recht nicht, wenn sie ernsthaft Sorgen haben, die sie ohnehin niemals mitteilen, es sei denn, ihnen würde die richtige Frage gestellt. Welcher Art diese Frage sein müsste, weiß niemand, geschweige denn der Mann selbst, insofern sollten Sie als Frau auf jegliche intime Nachfrage generell verzichten. Männer möchten in der Regel nicht seelisch berührt werden, es sei denn von ihren Freunden.

Stellen Sie keine Fragen, erwarten Sie Fragen! Die meisten Männer wollen sich Mühe geben. Wenn Sie den erwartungsvoll dialogischen Blick der Partnerin sehen, kommen Männer heutzutage unweigerlich ins Grübeln: „Was mag sie von mir wollen?" Ein zweiter fordernder Blick und er wird sich an die paartherapeutische Weisung erinnern, sein Interesse an der Frau nicht nur genital, sondern auch oral zu artikulieren: „Wie geht es dir, mein Schatz?" Schon sind sie im gemeinsamen Gespräch.

Wenn Sie geredet haben, nicht einfach nur aufstehen und gehen, weder als Mann noch als Frau. Das Schweigen nach dem Reden ist oft noch wichtiger als das Reden selbst. Einfach zusammen sein, miteinander, ohne Ansprüche zu stellen oder das Handy zu bespielen. Händchen halten. Das lässt sich üben. Alle reden von der postkoitalen Tristesse, also von dem tristen Schweigen nach der körperlichen Vereinigung. Goldene Regel: Vermeiden Sie den Koitus, also die körperliche Vereinigung, dann haben Sie genug Gesprächsstoff. Das ist nicht ironisch gemeint. Eine Liebende ist eine Frau, die gänzlich auf Ironie verzichten sollte, weil sie ohnehin schon Gefahr läuft, ständig missverstanden zu werden. Das Nachdenken darüber, warum Sie jetzt in diesem Moment nicht mit ihm schlafen wollen, obwohl sie beide so ein intensives Gespräch geführt haben, löst auf der Seite des Mannes viel mehr Interesse aus als das konventionelle Begehren. Jeder Mann geht davon aus, gewollt zu sein. Das ist für ihn der Regelfall, ungeachtet seiner tatsächlichen Attraktivitätswerte. Unruhig, das heißt zutraulich und aufmerksam, wird er erst, wenn eine Frau nicht mit ihm schlafen will. Dann gibt es plötzlich Gesprächsbedarf. Der Mann, insofern er unbefriedigt ist, gerät gern in präkoitale Euphorie – ein Zustand, der, im Gegensatz zur koitalen Euphorie, beliebig oft zu erzeugen ist. Denn das Reden über die Abwesenheit des Glücks ist immer erfüllender als das Glück selbst. Wir Menschen leben von der Sehnsucht.

Für alle Männer, die Aufmerksamkeit nicht aktiv im Gespräch leisten können, ist Anwesenheit Pflicht, bewusste Anwesenheit. Das lässt sich lernen. Jeder Mann kennt den Satz: „Kannst du nicht einfach nur mal da sein für mich?!"

Aber die wenigsten Männer verstehen ihn. Als Frau sollten Sie ihm schon im frühen Stadium der Bekanntschaft deutlich zu verstehen geben: Anwesendsein ist nichts Passives. Anwesend ist nur, wer nicht aktiv abwesend ist. Diese Technik ist erlernbar: sich selbst sichtbar zu machen, ohne aufzufallen. Lehren Sie ihn, Geräusche zu vermeiden. Jeder Mann macht Geräusche, Körpergeräusche vor allem, aber auch Bewegungsgeräusche wie Schlurfen, Rascheln, Türenschlagen. Stillsitzen will gelernt sein. Der Pantoffelmann im Ohrensessel ist Geschichte. Zeitungen, die als Sichtschutz dienen könnten, sind nur noch selten in Gebrauch. Kein Mann nimmt mehr ein Buch zur Hand oder setzt sich, wie noch sein Großvater, an den Küchentisch, um ein Kreuzworträtsel zu lösen. Was also soll ein Mann tun, wenn er nichts tun soll, außer *da-sein*? Meditieren! Früher nannte man es „dösen", weil es noch ohne Pflicht zur Erleuchtung praktiziert wurde. Erleuchtetes Dösen ist Meditieren, oder umgekehrt: Meditieren ist erleuchtetes Dösen. Eine Art erholsames Für-sich-Sein und dennoch Da-Sein. Durch Anwesenheit auf jeden Anspruch verzichten. Der Mann wird still, wirkt in sich gekehrt. Er sitzt einfach nur da, so als könnte er nirgendwo anders sitzen. Als Frau spüren Sie in diesem Moment: Er braucht mich. Dieser Satz hat stärkere Bindungskraft als der Satz: Er liebt mich. Gebraucht zu werden ist ein personales Gefühl. Lieben ein unpersönliches. Der Verdacht, er könnte genauso gut eine andere lieben, ist viel schneller zur Hand als der Argwohn, er könnte eine andere Frau brauchen, so wie er Sie braucht.

Einen Mann zur Ruhe bringen, heißt: einen Mann an sich fesseln. Ihn an sich fesseln, heißt: ihn immobilisieren. Das kann, in einem konsequenteren Akt der Fesselung, auch durch Krankheit geschehen, was allerdings ein heikles Ding in der Planung wie in der Durchführung ist.

Womit viele Frauen gute Erfahrungen gemacht haben, ist die Schwermut. Schwermut, in gehobener Sprache Melancholie genannt, ist eine hochansteckende Krankheit, auch wenn sie von der einen Seite nur geschauspielert sein mag. Diese grundlose Traurigkeit, die wie englischer Nebel aus den Niederungen des Seelenlebens aufsteigt und alles in ein tiefes Grau taucht, überfordert jeden Mann und macht ihn seinerseits empfänglich für Zuwendungen. Wie aus dem Nichts entsteht eine melancholische Stimmung, die beide, die Tröstende wie den zu Tröstenden, in einer wunderbar intimen Zweisamkeit vereint, aber gleichwohl Raum lässt für Geheimnisse. Denn woher mag sie rühren diese Traurigkeit, die jeden Menschen von Zeit zu Zeit heimsucht? Vermeiden Sie, das Rätsel Ihrer Melancholie aufzulösen, und es wird Ihnen gelingen, eine unglaublich intensive Beziehung zu führen, ohne je das Wort Liebe bemühen zu müssen, denn nichts fesselt mehr als Schwermut.

Bindung gelingt durch **Bildung**. „Jeder Mann ist ein Künstler", wollte Joseph Beuys glauben machen, was insofern richtig ist, als jeder Mann, der einen Pinsel in die Hand nimmt, glaubt, ein Künstler zu sein. Lassen Sie ihm den Glauben. Ein Mann, der ein Künstler zu sein glaubt, braucht Zuspruch. Der Zuspruch wird ihm in den seltensten Fällen vom Publikum zuteil, also braucht er Sie ganz persönlich als Zustimmende.

Kunst ist ein Akt wechselseitiger Selbsterhöhung. Da erklingt unüberhörbar die stille Bitte an Sie: „Erschaffe mich neu, indem du mich tun lässt, was ich schon immer tun wollte." Jedes mehrtägige Selbstfindungsseminar, ob Steinerücken in Stonehenge oder Aquarellieren in Lourdes, jede abendliche Zusammenkunft des mongolischen Obertonchors oder der Damaszener Schwerttanzgruppe lässt Sie unbeschwerter die Frau an seiner Seite sein, denn Sie wissen, er ist gut aufgehoben in dem, was er tut. Der Mann wiederum wird es Ihnen danken, denn er kann ungestraft sein altes Ego ablegen. Jeder erfolgreiche Mann sucht nach einer spirituellen Kompensation, ehemals Hobby genannt, aus dem einfachen Grund, weil er seinem Erfolg nicht traut. Früher kauften sich Männer ein neues Auto, wenn sie die Karriereleiter eine Stufe emporkletterten, oder eine vielschlaufige „Carrera-Bahn" oder ein anderes viriles Konsumgut, mit dem sie ihren Status markieren konnten, heutzutage hingegen bleiben viele misstrauisch gegenüber dem rein Materiellen. Luxus allein genügt dem modernen Mann nicht, denn er weiß, dass es in diesem Wettbewerb der Eitelkeiten letztlich nur Verlierer geben kann. Allein das Unvergängliche rückt das Vergängliche ins rechte Licht. Insofern suchen Männer nach einem Projekt, das zugleich die Welt erhellt wie auch sie selbst – mag es auch nur der Nachbau der Freiheitsstatue mit Streichhölzern sein. Oder ein Eiffelturm aus Bierdeckeln. Nichts verbindet intensiver als die gemeinsame Entdeckung eines „Spirituals", soll heißen eines gemeinsamen Narrativs der Kreativität, seiner Kreativität. Wenn Sie irgendwann längst gegangen sind, weil Ihnen sein Hobby zum Horror geworden ist, wird er immer noch sagen können: Sie war es, die mich mit der Magie fallender Dominosteine vertraut gemacht hat.

Bindung gelingt durch Anpassung. Paare werden sich ähnlicher. Der „**Chamäleoneffekt**" in der Liebe besagt nicht mehr und nicht weniger, als dass ein Ego umso größer wird, je harmonischer es sich seiner Umgebung anzupassen vermag. Das Chamäleon hat alle Farben in sich, wenn sie gefordert werden. Es wird zum Baum, der es trägt, zum Dschungel, der es umgibt. Wandel durch Annäherung, Annäherung durch Wandel. Wo verläuft dabei die Grenze zwischen Selbstaufgabe und Selbstbewahrung? Nirgends. Denn nirgendwo ist mein Ego erkennbarer als in der Wahrnehmung des zu liebenden Gegenübers. Je facettenreicher Sie einen Mann lieben, desto farbenfroher wirkt er.

Bindung gelingt durch Verbindlichkeit, Verbindlichkeit ist eine Ausdrucksform der **Dankbarkeit**. Geben und nehmen, schützen und verschonen. Männer sind am dankbarsten, wenn sie in Ruhe gelassen werden. Für sie ist mit dem Akt der Eroberung alles getan, was getan werden musste. Frauen hingegen erwarten, dass nun das geschieht, was den Akt ihrer Hingabe erst wirklich rechtfertigt. Sie leben vom Vorschuss, Männer von den Schulden. Insofern verzinsen sich die Gefühle der Partner ganz anders. Das mag sehr emotional gedacht sein, ist es auch, aber die Mengenlehre der Gefühle ist eine andere als die der Ökonomie. Die Alchemie der Liebe lehrt Demut, denn sie verwandelt Klein in Groß und Groß in Klein. Das ist für einen Mann schwer zu begreifen, insbesondere wenn es um Geschenke geht. Was er auch schenkt, ist falsch. Selbst die bunteste „KitchenAid" zaubert nicht den Glanz in die Augen einer Frau wie der falsche Diamantring, den sie beide sich bei einem Bummel durch die abendlichen Gassen Sienas von einer notleidenden „Duchessa" aufschwatzen ließen – sofern er mit dem Versprechen verbunden wird, ihn beizeiten durch einen echten zu ersetzen.

Der Überraschungseffekt maximiert die Wertempfindung. Der unausgesprochene Deal: Je ungewohnter die Situation oder der Zeitpunkt, in der ein Mann mit einem Geschenk überrascht, desto großzügiger wird die Frau über all seine persönlichen Mängel hinwegsehen. Eine gewisse Wertbeständigkeit bei den Geschenken selbst vorausgesetzt.

Das ist das Wesen der Romantik: Je mehr günstige Gelegenheiten Sie ihm eröffnen, sich großzügig zu zeigen, desto anhänglicher wird er werden, weil er dank Ihnen lernt, zunehmend Bewunderung für sich selbst zu empfinden.

Nichts stärkt den Bindungstrieb mehr als **Eifersucht**, denn sie aktiviert den Selbsterhaltungstrieb. Redet eine Frau plötzlich klüger, als ihr Partner es gewohnt war, steckt immer ein anderer Mann dahinter, so sein Verdacht. Wenn Sie auf seine Treue Wert legen, lassen Sie diesen Verdacht nie zur Gewissheit werden, sondern ziehen Sie Ihren Gewinn daraus, indem Sie sein Misstrauen als Aktivierungsenergie seiner Vorstellungskraft nutzen. Eine Frau bleibt nur so lange ein Mängelwesen, bis sich ihr Partner fragt: Was findet der andere an ihr? Eifersucht ist ein sehr kreatives Gefühl, ein sehr romantisches, weil sie alle Beteiligten interessanter macht, als sie es letztlich sind.

Verdächtigen Sie ihn des Fremdgehens. Wenn er sich weigert, den Verdacht ernst zu nehmen – erfinden Sie ihm eine Geliebte. Auch sie muss ein geheimnisvolles Wesen sein, eben durch ihre unerklärliche Neigung zu demselben Mann, der in der doppelten Perspektive plötzlich Statur gewinnt. Der Eifersucht gelingt es viel leichter als der Liebe, ein Gegenüber begehrenswert erscheinen zu lassen. Als Paar können sie nur gewinnen, wenn sie den unsichtbaren Dritten oder die unsichtbare Dritte in ihrer Beziehung zulassen. Kaum etwas schützt die Liebe besser als Verlustangst.

Fakten schaffen Vertrauen in die Realität, aber eine wirkliche Bindung zwischenmenschlicher Art gelingt nur durch die gemeinsame Flucht vor den Fakten. Houdinis Gesetz: Ein Publikum ist umso gefesselter, je entfesselter sich der Künstler präsentiert. Das gilt auch in Beziehungen. Entfesseln Sie Ihr Gegenüber! Die Folge: Er wird sich immer wieder in Bindungen zu Ihnen verstricken – in der Hoffnung, sich erneut entfesseln zu können.

„Wir passen einfach nicht zusammen." Diese unter Tränen hervorgepresste Verlautbarung eines semianalytischen Befunds wird den Ehrgeiz jedes Mannes anstacheln, nach Heimwerkermanier das Unpassende doch noch passend zu machen. Sie lösen die Fesseln und finden sich, der Theorie nach, als Gebundene wieder. Paradox der Liebe. Der tiefere Sinn? Ich kann nur einen Menschen wirklich lieben, der den Mut und die Kraft hat, mich gehen zu lassen. Geben Sie einem Mann bei jeder sich bietenden Gelegenheit die Chance zur Flucht, und Sie werden ihn nicht mehr los.

Das gilt auch im Sexuellen. Die attraktivste Frau ist die enthaltsame Frau. Sie wollen Ihre Sexualität nicht verleugnen und dennoch enthaltsam erscheinen? Simulieren Sie Ihre Selbstfindung als drittes Geschlecht. Dieser Weg ist nicht ohne Tücken, denn Ihr Bekenntnis zur Hypersexualität könnte wiederum ihn missionarisch stimulieren, was Ihnen genau dort keine Ruhe lässt, wo Sie eigentlich Ihre Ruhe haben wollten, im Schlafzimmer nämlich. Alte Bergsteigerregel: Entziehen Sie sich und Sie werden gezogen. Sollte zu heftig an Ihnen gezerrt werden, bleibt nur eins: Stellen Sie sich als Frau zur Diskussion. Ist mein Geschlecht ein Faktum oder eine Fiktion? Können wir es gemeinsam neu erfinden? Darüber lässt sich wunderbar intim debattieren: die kleine und die große Passion. Die kleine Passion verausgabt sich in den Kissen, die große in der Erfindung einer Liebe, die alle Geschlechtergrenzen übersteigt. So geben Sie dem Mann das gute Gefühl, dass er Sie sucht und nicht Sie ihn.

Geld ist niemals ein Bindemittel, es sei denn, es wird knapp. Eine Frau sollte bei einem Mann nur so lange seines Geldes wegen bleiben, bis sie selbst genug davon hat. Männer hingegen nehmen, was sie kriegen, bis die Frau genug von ihnen hat. Heutzutage können sich erfolgreiche Frauen einen unprofitablen Mann finanziell durchaus leisten. Die Frage ist nur, ob sie es wollen, denn nicht selten geht eine Erwerbsschwäche beim Mann mit anderen Defiziten einher. Verlassen Sie sich auf Ihren Instinkt. Die meisten Frauen haben ein sehr feines Gespür für das, was einem Mann fehlt. Selbstbewusstsein, Takt, Erziehung, Intelligenz, Ehrgeiz – wenn es nur Geld ist, besteht kein Grund zur Sorge, sofern er den Mangel als solchen nicht beklagt. Nichts ist für eine wohlhabende Frau leichter zu entbehren als Geld. Die Frage ist nur, wie sie aufgefordert wird, es zu geben. Frauen verschwenden ihr Geld nicht gern, aber sie geben es großzügig, wenn sie vom Sinn der Sache überzeugt sind. Geld ist ohne Ertrag, wenn es sich nicht emotional verzinst. Buchen Sie den teureren Urlaub, die bessere Konzertkarte, den Sitz in der Loge. Nehmen Sie den Mann mit auf Ihrem Weg nach oben. Keine Frau sieht es gern, wenn ihr Partner ohne eigene Rücklagen dasteht – mögen sie noch so vage und unzugänglich sein, ein gewisses Maß an Schutz bietet Hoffnung immer. Ermuntern Sie ihn zur Selbstständigkeit. Er soll glauben, irgendwann auf eigenen Beinen stehen zu können. Er soll sich Projekte erfinden dürfen. Kleine Projekte. Einen Oldtimerverleih. Oder eine Galerie für ‚Ungemalte Bilder‘. Träume, die besser Träume bleiben, weil sie nur geträumt realisierbar sind.

Die generöse Regelung: „Du musst dich um nichts kümmern, wenn du dich um mich kümmerst“, scheint eine faire Regelung zu sein, sofern er sich nicht in Ihre Vermögensverwaltung einmischt. Halten Sie ihn nicht davon ab, sich über Geldanlagen Gedanken zu machen, aber hören Sie niemals auf seine Ratschläge. Am besten beraten Sie sich in

Finanzdingen als Frau immer noch selbst. Meist entscheidet das Bauchgefühl besser als jeder Broker. Ihr Bankberater rät Ihnen, in Container zu investieren? Sie lehnen ab, aus dem einfachen Grund, weil Sie keine Container brauchen. Vernünftige Entscheidung. Was Sie brauchen, ist Ihr Handy. Insofern riet Ihre Emotion schon früh, Apple-Aktien zu kaufen. Kluge Entscheidung.

Wohin mit dem vielen Geld, das Sie als erfolgreiche Frau verdienen? Niemals in die Hände von Vermögensberatern, denn die haben in den letzten Jahrzehnten immer sehr gut an ihren Kundinnen verdient, aber die Kundinnen selten sehr gut an ihnen. Investieren Sie zwei Drittel Ihres Kapitals konservativ, in Immobilien und Aktien, das andere Drittel in Ihre Partnerschaft. Eine gute Beziehung, welcher Art auch immer, sollte eine Zugewinngemeinschaft und kein Verlustgeschäft sein. Für beide Seiten. Ein guter Mann darf durchaus etwas mehr kosten. Ihr Verlust ist sein Gewinn und steigert wiederum Ihre Attraktivität. Das gleicht sich aus, ökonomisch gesehen, emotional gesehen bringt es Ihnen auf Dauer sogar Vorteile. Aber hüten Sie sich vor zu großen Erwartungen. Schneeballsysteme haben auch in der Liebe schon verhängnisvolle Lawinen ausgelöst. Wann immer von einem Menschen Wunderdinge versprochen werden, sei es als Liebhaber, als Philosoph oder Heiler, wenden Sie sich ab. Spektakuläre Renditen sind immer verdächtig. In der Liebe wie in der Ökonomie gibt es keine Wunder. Es gibt nur einfache Kosten-Nutzen-Rechnungen. Ein Mann bleibt so lange treu, wie er es gut bei Ihnen hat – und bessere Angebote für seinen Unterhalt ausbleiben.

Das alles mag viel zu sachlich klingen, aber je weniger eine Beziehung durch Finanzspekulationen belastet wird, desto funktionsfähiger ist sie. Es macht keinen Sinn, an den

Männern zu sparen. Geiz rächt sich immer. Reichtum verdirbt alles: den Geschmack, das Herz, den Kopf, die Seele. Das Elend auf der Welt hat deshalb nie ein Ende, weil Reiche bevorzugt nur sich selbst lieben. Überfluss macht einsam auf eine Art, die arme Menschen sich gar nicht vorstellen können. Sie sehen nur, was gefällt: weitläufige Villen, große Autos, teuren Schmuck. Was Ihnen nicht gefallen würde: das Alleinsein in leeren Häusern. Die Angst vor Männern, die es nur auf Ihr Geld abgesehen haben. Das Parken in viel zu kleinen Parkhäusern.

Ein gemeinsamer **Haushalt** bedeutet meist das Ende der Liebe. Ungeachtet aller erzieherischen Anstrengungen, Männer sind in der Regel nicht stubenrein. Insofern sind getrennte Schlafzimmer Pflicht. Natürlich gibt es reinliche Männer, aber die sind selten leidenschaftlich. Der putzende Mann ist meist Single, eben weil er gerne putzt.

In der eigenen Wohnung sollte nichts an den anderen erinnern, das stärkt das Zusammensein genau im richtigen Moment, nämlich in dem Moment des Zusammenseins. Viele Ehepaare leben nur deshalb noch in einer gemeinsamen Wohnung, weil die Dinge sie verbinden. Aber das ist ein Trugschluss. Die gemeinsame Couch macht aus dem Nebeneinander noch kein Miteinander. Zwei Zahnbürsten gehören niemals in einen Becher. Ein Mann muss Gast sein, dann erst wird er aufrichtig willkommen geheißen – und herzlich verabschiedet. Nichts ernüchtert mehr, als gemeinsam aufzuwachen. Nichts ist zeitaufwendiger, als gemeinsam einzuschlafen.

Was tun, wenn das zweite Schlafzimmer fehlt? Stehen Sie früh auf und bringen Sie sich zum Verschwinden, noch besser, bringen Sie ihn zum Verschwinden. Männer stören am Frühstückstisch. Männer bröseln.

Bindung entsteht, wenn Sie rechtzeitig gehen. Sie fühlen sich nie ganz zu Hause, nirgendwo, das macht Sie interessant. Eine Frau ist immer unterwegs. Irgendwann nach drei oder vier Wochen wird er Ihnen seinen Wohnungs- oder Hausschlüssel anvertrauen, und Sie werden den richtigen Nutzen daraus ziehen, nämlich gar keinen. Was Sie tun können, im eigenen Interesse, damit Sie beide sich in seiner Wohnung wohlfühlen? Sie bringen nichts mit, aber Sie sorgen dafür, dass sein Zuhause nicht länger mit Erinnerungen kontaminiert ist. Die meisten Dinge sind Konserven einer Vergangenheit, die längst das Verfallsdatum überschritten hat. Gemeinsam eine Wohnung wohnlich machen, heißt Platz schaffen für Neues, ohne dafür eine Hypothek aufnehmen zu müssen. Früher war es die unbezahlte Schrankwand. Heutzutage ist es das Boxspringbett. Aber ihr Gemeinsames sollte nichts sein, was ihn zum Schuldner macht, sondern der leere Raum, die weiße Wand, an der bald eines seiner selbstgemalten Bilder hängen wird.

Der Verzicht auf eine gemeinsame Wohnung erhöht das Selbstwertgefühl nicht minder als das Sicherheitsempfinden und entbindet im Alter zudem von der Pflicht zur Pflege. Lassen Sie durchblicken, dass Sie stets für sich allein sorgen können, das macht ihr Zusammensein erheblich sorgloser, weil es ihn sorgloser macht.

Ironie, Witz und Humor sind Gift für eine Beziehung. Witzige Frauen sind unglücklich. Witzige Männer sind alt, meist älter noch als ihre Witze. Die Ironie unserer Väter und Mütter hat sich verbraucht, weil das Leben sehr viel eindeutiger geworden ist, als es zu Zeiten der großen Lügen noch war. Wir haben nicht mehr die Wahl: Himmel oder Hölle, Gott oder Teufel, Michael Jackson oder Prince. Es gibt nur noch diese eine Welt, der wir nicht entkommen können, kein Paradies steht uns mehr offen, und das ist gar nicht lustig. Wir müssen uns in dieser Welt einrichten, und wir richten uns umso besser darin ein, je weniger wir uns darüber amüsieren. Humor ist im Wesentlichen ein Kompensationsphänomen männlicher Unterlegenheit, deshalb machen sich Männer gern über ihr Gegenüber lustig, nicht selten wechselseitig, was der Rudelbildung dient, aber nicht der Paarbildung. Beziehungspflege ist Sprachpflege. Liebe verträgt alles, nur keine dummen Scherze, schon gar nicht im Bett.

Ein guter **Job** dient nur dann der Paarbindung, wenn er als solcher das Augenmerk des Partners findet. Viele Frauen wissen gar nicht, womit ihr Partner sein Geld verdient. Viele Männer können gar nicht glauben, dass eine Frau mehr Geld nach Hause bringt als sie selbst. Also behält sie es so lange für sich, bis sie einen geeigneteren Partner findet, der nicht neidisch ist. Die erfolgreiche Frau sucht von daher weniger den umgänglichen Mann als vielmehr den erfolgreichen. Warum? Weil ihr der eigene Erfolg dann weniger verdächtig vorkommt.

Geteilter Erfolg ist legitimer Erfolg. Viele vermögende Frauen haben ihre ganz eigene Geschichte, oft ist es eine dramatische, in der sich Demütigung an Demütigung reiht, bis der Erfolg schließlich all jene in den Schatten des Vergessens verbannt, die sich ihr in den Weg gestellt haben. Ein Triumph, der meist unerzählt bleibt. Was schade ist. Erzählungen mit Happyend fesseln. Jede erfolgreiche Frau sollte ihre Geschichte aufschreiben. Oder sich zumindest einen Mann suchen, der zuhören kann. Viele Frauen glauben, das müsste ein besonders erfolgreicher Mann sein, weil nur erfolgreiche Männer wissen, was Erfolg bedeutet. Ein Zirkelschluss. Denn ein erfolgreicher Mann hat nur deshalb Erfolg, weil er nicht auf andere hört. Und weil er allen anderen ihren Erfolg nicht gönnt. Die eigene Frau eingeschlossen.

Komplimente binden. Ein Mann will als Mann erkannt sein und eine Frau als Frau. Manche möchten gar nicht erkannt werden, aber das macht wenig Sinn. Komplimente sollten daher immer wechselseitig getauscht werden, denn sie dienen der wechselseitigen Erkenntnis. Das klingt einfacher, als es ist. Komplimente dürfen nicht einfach so daher gesagt werden, sonst wirken sie wertlos. Kluge Komplimente öffnen dem Gegenüber die Augen für sich selbst. Auch hier gilt: Vorsicht vor falschen Verzinsungen! Es gibt keine Traumrenditen, auch nicht auf dem Jahrmarkt der Eitelkeiten. Jedes Kompliment sollte aus dem Gesehenen seine Kraft beziehen, nicht aus dem Gewünschten. Männer spüren sehr schnell, wenn ihnen unehrliche Komplimente gemacht werden. Die Beschönigung des Gegenübers ist der letzte Ausweg derer, die Schmeichelei der Wahrheit vorziehen, in der Hoffnung, selbst wundersam getäuscht zu werden. Deswegen trauen Frauen auch niemals den Komplimenten anderer Frauen: „Das Kleid steht dir aber gut." Unterton: „Jedes andere würde dir besser stehen."

Gute Komplimente sind konstruktiv. Sie schulen den Möglichkeitssinn in einer Beziehung. Von daher gilt das Lob einer Frau meist dem Ungesehenen: „Das hast du aber gut gemacht!" Das Lob eines Mannes hingegen gilt dem, was er sehen möchte. „Du siehst aber gut aus heute." Ein Satz, der lächeln macht, weil er unbeholfen scheint, was wiederum seinen Wahrheitsgehalt erhöht, auch wenn sowohl das „aber" wie auch das „heute" vergiftet sind.

Gute Komplimente wirken umso ehrlicher, je häufiger sie wiederholt werden, ungeachtet ihres Wahrheitsgehalts. Der stellt sich irgendwann von selbst ein. Alle Beziehungen leben von der Hoffnung. Das Kompliment gibt dem Ausdruck. Es ist ein Versprechen für die Zukunft, das niemals eingehalten wird. Was ihm nichts von seiner Kraft nimmt, die Gegenwart erträglicher zu gestalten.

Wie viele **Lügen** braucht es für eine stabile Bindung? So wenig Lügen wie möglich, so viele wie nötig. Der Abstand vom Kompliment zur Lüge ist nur ein gedachter, insofern müssen Sie sich keine Sorgen machen, dass Sie vor den Gerichtshof Ihres Gewissens gezerrt werden. Lügen im Sinne emotionaler Dienstleistung ist etwas ganz anderes als Lügen im Sinne der Wahrheit oder der Unwahrheit. „In gewissem Munde", sagt der Dichter, „wird auch die Wahrheit zur Lüge" – und folglich die Lüge zur Wahrheit. Ich weiß nicht mehr, welcher Dichter es war, aber ich weiß, welchen Mund er meinte, nämlich den Mund des Liebenden oder der Liebenden. Wer liebt, lügt nicht. Vertrauen Sie in Liebesdingen daher niemals nur Ihrem Verstand, das macht Sie unfrei im Lügen, und die Lügen selbst erscheinen als das, was sie niemals sein dürfen: als Konstrukte. Vertrauen Sie Ihrem Gefühl und Sie erfahren Lügen als das, was es ist, als einen organischen Vorgang der Realitätsbewältigung – wie sonst könnten wir gewisse Wahrheiten „verdauen"? Eine gute Lüge akzeptiert jeder, sofort – schwierig und langwierig ist es, sich mit der Wahrheit vertraut zu machen. Das gelingt nur, wenn wir Wahrheit und Lüge nicht als Konkurrenten oder gar als Gegner begreifen. Opportune Lügen, das klingt unehrlich. Opportune Wahrheiten wäre die bessere Formulierung, sofern denn überhaupt ausgesprochen werden muss, was stilles Übereinkommen jeder guten Beziehung ist: das Tauschangebot, Glück zu bringen, ohne Glück zu nehmen. „All we have to do now is take these lies and make them true somehow", singt der Sänger. Ich weiß nicht mehr, welcher Sänger es war, aber ich weiß, was er unter „true somehow" versteht: Liebe. Liebe ist das irgendwie Wahre. Je weniger schlau wir aus einem anderen Menschen werden, desto mehr können wir ihn lieben.

Eine verlässliche Bindung gelingt niemals durch **Mitleid**. Das spürt ein Mann, das spürt eine Frau sofort. Mitleid ist derzeit das gängigste aller Gefühle, weil jeder es mit jedem teilen kann, sodass am Ende nichts für alle bleibt. Auf Mitleid lässt sich nichts gründen, nicht einmal Freundschaft. Lügen Sie niemals aus Mitleid, denn die Worte geraten in ungute Schwingung und werden Sie sofort verraten. Lieben Sie niemals aus Mitleid, denn die Seele sperrt sich gegen die Unnatürlichkeit des Gefühls und es wird all Ihr Tun fabriziert erscheinen. Sex aus Mitleid mag gelingen, aber niemals auf Dauer überzeugen, weil jedes Streicheln zu behutsam wirkt. Ein Mann, der einer Frau kein Selbstbewusstsein geben kann, macht sie unglücklich – und umgekehrt. Mitleid ist ein räuberisches Gefühl, weil es dem Gegenüber das letzte Quäntchen Selbstbewusstsein raubt, um es sich selbst einzuverleiben: Ich fühle mich besser – dank dir.

PS: Es hat keinen Sinn, Mitleid in Empathie umzubenennen.

Bindung gelingt niemals durch **Nähe**, sondern nur durch den richtigen Abstand. Abstand definiert sich durch den Wunsch nach Nähe – abzüglich des Bedürfnisses nach Selbsterhalt. Beide Parameter werden von Männern wie Frauen stets falsch eingeschätzt, deswegen sollte man sich an eine einfache Regel aus dem Straßenverkehr halten: Bremsweg plus Reaktionsweg gleich Anhalteweg.

Um Kollisionen in einer Beziehung zu vermeiden, ist es wichtig, dass Sie nicht nur auf den Bremsweg an sich achten.

Wenn Sie als Frau auf eine Situation reagieren, ist schon sehr viel geschehen, was Sie gar nicht wahrgenommen haben, einfach weil es unterhalb Ihrer Wahrnehmungsschwelle geschah. Sie werden den männlichen Gefühlsstau als solchen stets viel zu spät registrieren, entsprechend kurz ist der Bremsweg, entsprechend heftig die Kollision. Bemessen Sie den Reaktionsweg präventiv recht lang, dann sind Sie auf der sicheren Seite! Wie das gelingt? Was immer Ihr Partner sagt oder fühlt oder tut – halten Sie Abstand. Das wird Ihnen anfangs als Kälte ausgelegt, oder als Distanziertheit, aber eben das macht Sie auf Dauer anziehend. Sie ziehen sich ein wenig zurück, Ihr Gegenüber rückt ein wenig näher. Sie ziehen sich weiter zurück, Ihr Partner setzt nach. Irgendwann stehen Sie mit dem Rücken zur Wand und strecken zur Abwehr beide Hände aus. Ihr Partner wird die Hände ergreifen und sich willkommen fühlen. Sie drehen sich mit ihm in einer schwungvollen Walzerbewegung um 180 Grad, und der Tanz beginnt von vorn.

Das Geheimnis einer verlässlichen Bindung: **Organisation**. Spontaneität verhindern heißt das dauerhafte Zusammensein stärken. Es ist erstaunlich, wie unorganisiert viele Menschen leben, was zwangsläufig zu depressiven Verstimmungen führt, die wiederum chronisches Rätselraten auslösen, weil ihre Ursachen im Dunkeln zu liegen scheinen. Tatsächlich ist es aber nur ein Zuviel an gemeinsam verbrachter Zeit.

Was wollen Sie von einem Mann, wie oft wollen Sie es und wo? Wollen Sie ihn wirklich die ganze Zeit um sich haben? Wollen Sie wirklich den ganzen Jahresurlaub mit ihm verbringen? Waren Sie nicht schon in der ersten Nacht versucht, das gemeinsame Bett noch vor dem Morgengrauen zu verlassen?

Leidenschaft ist Zeitmanagement. Insofern ist Zuneigung kein emotionales, sondern ein organisatorisches Problem. Als solches verlangt es nach einer Lösung. Zeitmanagement kann man lernen. Glück lässt sich verwalten. Gönnen Sie dem Mann Auszeiten, sogenannte ‚Hobbys‘. Der Begriff ‚Hobby‘ scheint antiquiert, das zugrunde liegende Prinzip ist es nicht. Dem Mann die Gelegenheit zu geben, ein Hobby auszuüben, heißt, ihm in den Grenzen des bürgerlichen Anstands Auslauf zu gewähren. Was in früheren Zeiten das „Separee" war, ein abgegrenzter Raum, in dem für die seltsamsten Leidenschaften Platz geschaffen wurde, ist im bürgerlichen Leben der Hobbykeller beziehungsweise das Vereinsheim. Ein treuer Mann ist ein Mann mit vielen Hobbys. Das schafft der Frau Freiräume. Wenn ein Mann im regennassen November ankündigt, dass er eine Woche an der Ostsee mit Freunden Heringsfischen betreiben möchte, dann sollten Sie ihm kein Hindernis in den Weg legen, sondern allenfalls ein Paar warme Socken in die Hand drücken. Wenn er zum Treffen der Dampflokführerfreunde nach Nürnberg reist, sollten Sie ihm gute Fahrt wünschen und dankbar die letzten Fussel von seiner Schaffneruniform zupfen. Ein Mann mit Hobby mag auf den ersten Blick wie ein Sonderling erscheinen, im persönlichen Umgang ist er aber viel pflegeleichter als alle anderen, denn er schenkt Ihnen Zeit.

Phantasie in der Liebe ist die Kunst, eine Bindung aufrechtzuerhalten, obwohl die Grundlagen dieser Bindung längst geschwunden sind. Die Phantasie bedient sich der Illusion, aber sie ist noch weit mehr als Selbsttäuschung: Sie beschreibt das Vermögen eines jeden Menschen, einen anderen Menschen als den zu sehen, der er nie war und nie sein wird. Zwei Techniken kommen dabei zur Anwendung,

die vielen noch aus der Fotographie bekannt sein dürften:
Die Blendenvorwahl, wahlweise die Zeitvorwahl, zu übersetzen in die Fragen: Wie tief beziehungsweise wie scharf
kann man sehen?

Sie kennen die telefonbuchdicken Bedienungsanleitungen moderner Kameras? Kennen Sie auch Menschen, die
solche Bedienungsanleitungen lesen? Wir fotografieren in-
tuitiv, soll heißen, wir lassen die Automatik des Instinkts
entscheiden, welches Bild wir uns vom Gegenüber machen,
wahlweise den Algorithmus, wenn es um die Partnerwahl
in den einschlägigen Börsen geht. Das ist fahrlässig, denn
es beraubt uns vieler Gestaltungsmöglichkeiten. Wie genau
wollen wir den Menschen, den wir lieben, ins Auge fassen?
Ganz genau, werden die meisten antworten, um sich dann
rasch zu korrigieren: So genau auch wieder nicht! Denn Un-
schärfen geben die Freiheit, den ein oder anderen Makel zu
übersehen. Unschärfe entsteht durch eine zu starre Brenn-
weite oder einen zu kurz bemessenen Belichtungszeitraum.
Wenn Sie einem Menschen eine Minute ins Gesicht starren,
sehen Sie mehr, als wenn Sie ihn nur in einem Sekunden-
bruchteil wahrnehmen. Wenn Sie sehr nah, also poren-
öffnend, an ein Gesicht herantreten, werden Sie kritischer
urteilen, als wenn Sie einen Abstand einhalten, der den
weichzeichnenden Filter gleichsam mit einschließt.

Was folgt daraus für Sie, die Sie Ihren Partner in Liebe
wahrnehmen wollen? Bleiben Sie immer in Bewegung und
wechseln Sie stets die Distanzen, so erscheint er Ihnen immer im besten Licht, was ihn wiederum selbstbewusster und
somit attraktiver werden lässt.

Ein vernünftiges **Qualitätsmanagement** kann nur dann die
Qualität einer Bindung sichern, wenn die Qualität des Ma-
nagements stimmt. Viele moderne Beziehungen gestalten

sich nach Maßgabe von Beziehungsratgebern, deren einziger Publikationsgrund darin besteht, die permanente Gefährdung selbst glücklicher Beziehungen zu behaupten – sonst bräuchte es keine Ratgeber. Alles ist kompliziert geworden, von Beginn an, nichts bleibt mehr unbedacht, obwohl es unser innigstes Bedürfnis ist, die kräftezehrende Komplexität unserer Lebensverhältnisse drastisch zu reduzieren. Was gar nicht so schwer wäre. Der Traum vom einfachen Leben wird genau dann wahr, wenn Sie eine präzise Zahl von Fragen präzise beantworten können: Gibt es zum aktuellen Partner eine akzeptable Alternative in praktikabler Reichweite? Klare Antwort Ihrerseits: Nein. Demnach sind Sie aufgefordert, die Vorzüglichkeit des Vorhandenen anzuerkennen. Es gibt kein größeres Glück, sagt Buddha, als das Glück, sich im Hier und Jetzt zurechtzufinden.

Die Qualität einer Beziehung definiert sich demnach durch die Fähigkeit der Partner, immer genau die Meinung zu vertreten, die im Horizont der Harmoniestiftung im knappsten Sinne noch als die eigene zu vertreten ist. Wer diese Gemeinsamkeit im Denken und Fühlen einmal erlebt hat, will nicht mehr darauf verzichten. Es sei denn, Gewöhnung kommt auf. Aber die ist im Alter nicht unwillkommen. Liebe heißt, den Alltag lieb gewinnen.

Reden, reden, reden. Bindung gelingt im Gespräch. Wichtig dabei: Lernen Sie Ihr Gegenüber lesen! Achten Sie auf die Physiognomie, den Gesichtsausdruck Ihres Gegenübers. Viele kluge Menschen haben darüber nachgegrübelt, ob und wie wir im Gesicht unseres Gegenübers sein Wesen entziffern können. Nach meiner Erfahrung gibt es nur eine Regung, die wir unmittelbar und zweifelsfrei im Gesicht des Gegenübers wahrnehmen können: Langeweile. Erstaunlich wenig Frauen wissen die Anzeichen von Langeweile im Gesicht eines Mannes zu deuten, vermutlich, weil sie es für völlig ausgeschlossen halten, dass sie selbst jemals ein solches Gefühl hervorrufen könnten. Sie können es. Jede Frau kann es. Nichts ist einfacher, als einen Mann zu langweilen. Sie registrieren es am unmerklichen Stirnrunzeln. Sie sehen es an den sacht nach oben gezogenen Augenbrauen und nicht zuletzt am gähnend aufgerissenen Mund, aber dann ist es längst schon zu spät. Meist folgt seitens des Mannes ein entschuldigendes Lächeln. Nehmen Sie die Entschuldigung an. Langeweile ist nichts anderes als eine Vorform der Geduld. Zusammenleben heißt: Geduld üben. Auch im Gespräch. Sie gewöhnen einen gewöhnlichen Mann nur ans aufmerksame Zuhören, indem Sie pausenlos reden. Er muss hören, was es heißt, im Dialog zu bleiben. Miteinander reden lernen bedeutet für ein männliches Gegenüber zunächst und vor allem: den anderen zu Wort kommen zu lassen. Und zwar nicht den, der mehr zu sagen hat, sondern den, der mehr Sorgen hat.

Jede moderne Frau ist jederzeit in einer schwierigen Situation, das ist geradezu die Definition der Moderne. Alle sind in Schwierigkeiten, aber Frauen noch viel mehr als Männer. Die gehetzte Frau kommt nicht mehr zur Ruhe, nirgends, es sei denn im Gespräch mit einem Menschen, der nichts anderes will als zuhören. Das größte Kompliment, das eine Frau in einer solchen Situation einem Mann machen kann: „Er ist ein guter Zuhörer." Viele Männer glauben, dieses Lob beziehe sich auf den Inhalt des Gesagten im Sinne von: Er versteht mich. Irrtum. „Er ist ein guter Zuhörer" heißt nicht mehr und nicht weniger als: Er kann zuhören. Argumente haben daher im Beziehungsgespräch als solche nichts verloren. Wer dennoch nicht auf sie verzichten will, riskiert Missverständnisse. Die meisten Missverständnisse in Beziehungen entstehen im Gespräch. Die meisten Missverständnisse lassen sich im Gespräch auch wieder klären – wenn das Gespräch als das verstanden wird, was es im besten Fall sein könnte: ein kontaktloser Verkehr der Geschlechter. Vom Gesprächseinstieg bis zum Gesprächsende sollte daher genau so viel Zeit vergehen, wie es braucht, um sich körperlich zu finden, nebst Vorspiel und Nachspiel. Die Worte sollen dabei streicheln, nicht verletzen.

Woran erkennt eine Frau den perfekten Dialogpartner? Er unterbricht sie nicht. Er lässt sie ausreden. Das braucht seine Zeit. Geduld ist das stärkste Aphrodisiakum. Erwartungsfrohe Aufmerksamkeit. Aufmerksamkeit, die stets dem Gegenüber als Person gilt und nicht dem Gesagten. Das erst schafft Zweisamkeit. Es gibt in einer Beziehung daher nichts Wichtigeres als ein gutes Gespräch. Auch wenn kein konkreter Gesprächsanlass vorliegt. Probleme gibt es immer, virtuell. Probleme sind nicht dazu da, gelöst zu werden, Probleme sind dazu da, erörtert zu werden. Damit Liebe gelingen kann, muss einer den anderen groß machen. Das gelingt durch bewundernde Blicke, aber mehr noch gelingt es, indem Probleme geschaffen werden, die nur der andere zu sehen und zu verstehen vermag. Aus dem Nichts heraus. Das ist es, was manche Männer zuweilen verwundert, dass aus dem Nichts heraus Probleme entstehen. Nicht, weil es wirklich Probleme wären, sondern weil das verbindliche Gespräch darüber gesucht wird. Nichts ist erholsamer als ein erholsames Gespräch über Nichtiges. Denn – wovon man nicht sprechen kann, darüber muss man reden.

Sex sollte in einer guten Beziehung kein Thema sein. Eine verlässliche Bindung ist niemals nur eine körperliche Bindung. Umfragen im Freundeskreis belegen, dass Männer und Frauen in festen Beziehungen über das Jahr gerechnet allenfalls zwei Mal die Woche die Möglichkeit eines

Geschlechtsverkehrs erörtern. Praktiziert wird er – trotz anderslautender Angaben in öffentlichen Umfragen – allenfalls einmal die Woche, hyperaktive Randgruppen ausgenommen. Jede dritte Frau hat keine Lust auf Sex, und jeder zehnte Mann gibt ihr recht. Inzwischen dürften sich die Zahlen angeglichen haben, denn jeder Dritte, ob Mann oder Frau, hat inzwischen Besseres zu tun oder gibt zumindest vor, Besseres zu tun zu haben. Das wahre Leben ist der Alltag. Im alltäglichen Leben gibt es Herausforderungen genug. Da braucht es nicht auch noch das sexuelle Abenteuer, das meist gar nicht als Abenteuer verstanden wird, weil es primär der körperlichen Selbstfindung dient. Das gelingt Frauen beim Yoga mittlerweile auf viel innigere Weise.

Streit ist besser als Sex. Die intensivsten Bindungen entstehen durch Streit! Weder Mann noch Frau dürfen sich in einer Beziehung zu schwach zeigen. Stärke zeigt sich im Beharren auf Positionen, die so ohne Weiteres gar nicht zu halten sind. Insofern ist Streiten wesentlich emotionaler und konditionsfördernder als Sex oder Yoga. Streiten dauert in der Regel länger, es produziert mehr Energie und es macht – mit dem nötigen Verstand praktiziert – viel mehr Spaß.

Viel zu viele Paare vertun ihre Zeit im ewigen Durchdenken ihrer Beziehung. Das kostet Kraft, Kraft, die eigentlich im Streit gebraucht wird. Der Streit, soll er gelingen, darf sich folglich nur um Banales drehen, niemals um Wesentliches. Das macht das Rechthaben sehr viel schöner. Ein Mensch ist so viel mehr als das, was er sagt. Insofern ist ein Dialog zunächst und vor allem ein Mittel der Selbstdarstellung. Insbesondere für den Mann. Die Herausforderung besteht demnach für die Frau darin, zwei Monologe so zu synchronisieren, dass sie dem Anschein nach ein Gespräch ergeben. Einfacher Rat: Nehmen Sie alles persönlich. Niemals sachlich werden. Das entfremdet. Was kann es Schöneres geben, als den Abend mit einem Streit darüber zu beginnen, was am Abend getan werden könnte. Alle Unterlassungen der bisherigen Abende auflisten, alle Konjunktive möglicher Abende konjugieren, alle Lokale nennen, die aufzusuchen ein ewiges Versprechen war. Des Weiteren: Alle ungesehenen Filme memorieren, alle Theaterstücke ohne Premiere soufflieren, alle Konzerte intonieren, die ungehört blieben. Ein Reigen der verpassten Gelegenheiten. Wrestler der gewesenen Chancen sind sie im Paarungsring, Catchers in the Rye. Dann, irgendwann, liegen sie sich ausgewrungen in den Armen, erschöpft, müde, glücklich. Gegner, die sich als Paar gefunden haben, weil sie das Gegebene als das Gewollte begreifen: „A kiss is still a kiss."

Gemeinsame **Träume** binden stärker, als die Liebe es je könnte, und sie überleben jede Beziehung. Deswegen sollten Sie sich bemühen, Träume stets zu bewahren und nicht zu realisieren. „Ich mache mich ganz klein und den Traum ganz groß", sagt der kleine Prinz an unbekannter Stelle. Und eines schönen Tages gilt die Treue unversehens nicht mehr dem Partner, sondern dem gemeinsamen Traum, der selbst dann noch Trost gewährt, wenn schon alle Abschiedstränen geweint sind. Der Umzug aufs Land. Der eigene Kräutergarten. Das vegane Bistro in der Provence. Der Ponyhof in Apulien. Das Tangostudio in Transsylvanien. Unsinnige Vorhaben allesamt, sofern sie zur Realisierung anstehen. Als Träume aber eine unendliche Quelle der Vorfreude.

Wie bewahre ich gemeinsame Träume vor der Wirklichkeit? Indem ich sie der Zukunft überantworte. Nicht der Nacht, nicht dem Tag, nicht dem nächsten Jahr, nein, der fernen, aber nicht unendlich fernen Zukunft. Wahlweise fernen, aber nicht unendlich fernen Landstrichen. Die Erfüllungsstrecke zwischen Wunsch und Wunschrealisierung muss wieder fühlbar werden, wahlweise zeitlich oder räumlich. Eine Frau wird geliebt, wenn sie zum Träumen verführt, nicht zum Erwachen – diese Illusionsregel gilt auch für Männer.

Der schönste Einstieg in den Traum ist der Wunsch. Welchen Wunsch will ich mir in meinem Leben erfüllen? Welchen Wunsch will ich dir in deinem Leben erfüllen? Und die zielführende, aber nie ausgesprochene Frage: „Welchen Wunsch willst du mir in deinem Leben erfüllen?" Dabei ist als Folgeinjektion stets der Wermutstropfen zu verabreichen: Es eilt! Die Zeit des Wünschens ist für uns alle schnell vorbei! Kopfsenken. Seufzen. Kopfheben. Wechsel der Mimik ins Offene: „Wann hast du dir das letzte Mal etwas ganz stark gewünscht?" Dieser Satz angelt jedes Herz, denn Sentimentalität ist das fruchtbarste Beet für die Blumen der Hoffnung. Nicht, dass ich solche Sätze je sagen würde. Aber ich denke sie. Ich versuche, mit meinen Blicken zu zeigen, dass ich sie denke. Meine Wimpern tanzen den Tango, nicht meine Füße. Die ganze Traurigkeit eines Mannes ist in den Augen zu sehen, nirgendwo sonst. Wenn sich die Lider heben, nur halb, und ein unhörbares „Ach" den Lippen entströmt, dann urteilen Sie beim Lesen zu Recht: Kitsch – aber Ihr Herz fühlt eine seltsame Sehnsucht. Nichts und niemand hat mehr Macht über uns als unsere unerfüllten Träume. Aber kein Traum muss unerfüllt bleiben, sofern er denn farblich auf den Alltag abgestimmt wird. Die Zeit zum Träumen ist jetzt, sofern wir zusammen träumen und einer dem anderen den Wecker fürs Erwachen stellt! Bevor ich also das baufällige Bauernhaus in den umbrischen Bergen beziehe, verbringe ich präventiv ein romantisches Wochenende im Gutshotel „Landlust". Wo, wenn nicht dort, bekomme ich ein Gefühl dafür, was es heißt, seinen Traum vom bäuerlichen Leben Wirklichkeit werden zu lassen, obwohl der Haushahn stündlich um sein Leben kräht. Und wenn ich die Ferienwoche in den Restaurants der Provence abdiene, dann verkoste ich appetitlos, aber nicht ohne Genugtuung meine Ratatouille, weil die zuckenden Froschschenkel in den Mundwinkeln der anderen Gäste meiner Begleiterin die Sinnlosigkeit des veganen Seins vor Augen führen. Jeder träumt seinen Traum vom Leben. Aber nicht jeder Traum endet mit einem frohen Erwachen. Der Mann Ihrer Träume sollte der Mann Ihrer Träume bleiben und sich nicht im Alltag beweisen müssen. Umgekehrt gilt: Der alltagstaugliche Mann kann niemals der Mann Ihrer Träume sein. Aber er kann Ihre Phantasie beflügeln.

Der Traum ist Erfüllungsgehilfe all dessen, was ich mir vom Leben wünsche. Der Traum ist aber noch viel mehr. Er ist auch ein ‚Erfühlungsgehilfe‘. Anhand der Träume meines Gegenübers kann ich sein geheimes Wollen erahnen. Und das ist niemals ein sexuelles. Hier irrte Freud. Der Traum dient der Wunscherfüllung. Das ist richtig. Aber unsere Wünsche sind unschuldig. Wir wollen einfach nur glücklich sein. Glücklich wie ein Kind.

Wie das gelingt? Greifen Sie zur Wünschelrute der Erinnerung! Sie weist uns den Weg in die Kindheit, an die Orte, wo wir Träumen lernten. Im Kino, in der Diskothek, im Freibad, auf dem Rummel. Orte, wo wir Urlaub vom Alltag nehmen durften, ohne uns allzu weit fortzubewegen. Führen Sie ihn an diese Orte, und er wird der kleine Prinz werden, den Sie in ihm sehen wollten.

Das **Unaussprechliche** ist das Mysterium, das es in jeder Beziehung braucht, auch wenn es nicht existiert. Das gewisse Etwas. Er hat es oder er hat es nicht. Er hat es zumindest dann, wenn Sie es sehen oder fühlen oder behaupten, es zu fühlen oder zu sehen.

Bitten Sie ihn um seine Hand! Zu den wenigen unabding-
baren Talenten, über die jede Frau verfügen sollte, zählt die
Kunst des Handlesens. Kopflinie, Lebenslinie, Herzlinie und
Schicksalslinie, diese vier Linien müssen Sie zeigen und deuten können. Wobei es genügt, das Vorhandensein der Kopflinie mit einem lobenden „sehr ausgeprägt" zu quittieren.
Die Lebenslinie ist stets lang, alles andere wäre entmutigend.
Problematisch ist das Ineinander von Herz- und Schicksalslinie. Da hilft nachdenkliches Nicken mehr als wortreiches
Rätseln. Sie kennen das alte Kinderspiel: „Ich sehe was, was
du nicht siehst"? In der Liebe: das Spiel der Spiele. Fälteln
Sie die Stirn. Lächeln Sie vielsagend. Jeder von uns hat ein
dunkles Geheimnis. Sie mögen unterschiedlich grau schat-
tiert sein, diese Geheimnisse, deswegen bleiben sie dennoch
Geheimnisse. „Da ist etwas in deiner Vergangenheit, über
das ich nicht reden möchte." Diese Worte sprechen Sie nicht
aus, aber Sie visualisieren sie, so intensiv, dass er in Ihren Augen sehen kann, was Sie gerade visualisieren. Da ist ein Geheimnis, an das keiner rühren sollte. Denn dann wäre es kein
Geheimnis mehr. Aber von der Kraft des Geheimen zehrt die
Liebe mehr als von jeder anderen Regung.

Alle paartherapeutischen Versuche der Paarbindung
gründen in der Hoffnung, zwei Menschen füreinander öffnen zu können. Alle romantischen Versuche der Paarbindung gründen in dem Wunsch, zwei Menschen füreinander
zum Geheimnis machen zu dürfen. Nur so kommt die me-
taphysische Zärtlichkeit zum Tragen, das gemeinsame Grübeln nämlich: Wer könnte er sein, wenn er nicht der ist, der
er ist? Wer bin ich, wenn ich nicht die bin, die ich in seinen
Augen sehe? Was sieht er, was ich nicht sehe? Was weiß er,
was ich nicht weiß? Wenn die Liebe dauern soll, hilft es, in
Rätseln miteinander zu sprechen. Oder zu schweigen.

Bindung entsteht im Gespräch, Bindung entsteht im **Verschweigen**. Nichts ist schöner, nichts belebender, als voreinander Geheimnisse zu haben. Was ich nicht weiß, lässt mich nicht kalt. Das offene Gespräch dient dem Verschweigen. Denn offen kann nur das gesagt werden, was nicht verschwiegen werden muss. Das Verschwiegene hingegen bleibt das Verschwiegene. In einer gesunden Beziehung ist kein Platz für Geständnisse. Eingeständnisse meinetwegen, aber keine Selbstoffenbarungen im Sinne einer Selbstentblößung. Die Spielart der exhibitionistischen Paarbildung, in der keine Geheimnisse mehr toleriert werden, weil sie als Zeugnis der Unaufrichtigkeit missdeutet werden könnten, hat sich überlebt.

Verschweigen ist ein aktiver Vorgang, der von beiden Seiten viel guten Willen verlangt und sehr viel Kraft. Verschweigen ist viel mehr als Schweigen. Verschweigen bedeutet: Sie kennen seine schwachen Seiten, er kennt Ihre, aber sie reden nicht darüber. Das fällt schwer. Nichts ist leichter, als den anderen bloßzustellen. Nichts schwerer, als ihn starkzumachen. Das beste Mittel, ihn starkzumachen, ist, über seine Fehler so ausdrucksvoll zu schweigen, bis er sie selbst zur Kenntnis nimmt. Wenn er sie nicht zur Kenntnis nehmen will? Schweigen Sie weiter – vielleicht bringen Sie sie so zum Verschwinden. Das Debakel moderner Beziehungen ist die Redseligkeit. Jeder weiß alles über jeden sofort. Das schafft unnötig Konflikte. Sinn und Zweck des Verschweigens ist es, Harmonie möglich zu machen.

Frauen sind Mängelwesen, Männer sind Mängelwesen. Das ständig zu erörtern, schafft Überdruss. Das zu verschweigen: Freiheit. Er wird Sie umso mehr lieben, je weniger Sie öffentlich an ihm auszusetzen haben. Beobachten Sie Paare im Restaurant. Paare, die sich anschweigen, sind auf der Rangliste ganz unten, zu Unrecht. Denn die Tatsache, dass sie sich nichts zu sagen haben, kann auch bedeuten: Es ist schon alles gesagt. Paare, die streiten, sind interessanter als Paare, die schweigen, zumindest für die Zuhörer. Paare, die nur plappern, über dies und das, sind nett anzuschauen, sofern sie nicht zu laut plappern. Paare, die flirten, sind so selten geworden, dass sie es ohne größeres Aufsehen gar nicht mehr tun können. Paare, die sich ruhig unterhalten, sind ein Ereignis. Für andere ohnehin, aber auch für sich selbst. Paare, die sich unterhalten, unterhalten sich oft darüber, dass sich andere gar nicht mehr unterhalten, oder dass sich X und Y gar nicht mehr unterhalten, oder dass man sich mit X wahlweise mit Y gar nicht mehr unterhalten kann, oder dass X oder Y oder X und Y nur noch mit ihren Handys spielen, wahlweise nur noch über ihr Kind reden wollen, ihre neue Küche, ihr batteriebetriebenes Auto, ihre Ernährungsumstellung. Es gibt viel über andere zu reden, in einer Weise, die einen selbst erhebt. Bis die Stille dem ein Ende macht. Und die Stille kommt unweigerlich. Ob sie als Paar bestehen können, zeigt sich daran, wie sie mit der Stille umgehen. Alles ist besser als Schweigen, denken sich viele – und irren. Schweigen ist Ihre stärkste Waffe: Wenn Ihnen etwas zu viel wird, schweigen Sie, vorsätzlich. Ausdauernd. Lassen Sie sich nicht vorschnell aus der Reserve locken. Es hat seinen Preis, mit Ihnen reden zu dürfen. Wenn Sie Geheimnisse vor ihm haben, will er Geheimnisse vor Ihnen haben. Geheimnisse sind die hohe Kunst der Partnerbindung. Geheimnisse schaffen Geborgenheit. „Er hat Geheimnisse vor mir!" Welche Frau wäre nicht stolz, wenn sie das ihren Freundinnen unter dem Siegel der absoluten Verschwiegenheit anvertrauen könnte? Was kann wunderbarer sein, als darüber zu rätseln, ob der eigene Mann mehr Untiefen hat als andere Männer? Was kann ernüchternder sein, als wenn er sie Ihnen gesteht? Tanzen Sie auf dem Seil der Sehnsüchte, schlingen Sie es ihm nicht um den Hals!

Wahrheit bindet nur insofern, als sie als verbindliche Wahrheit geäußert wird. Eine verbindliche Wahrheit ist eine Wahrheit, die nicht auf ihren Wahrheitsgehalt hin überprüft werden muss, sondern nur auf ihre emotionale Gültigkeit. „Gefällt dir der Ring?" Wie viele Antworten gibt es auf diese Frage? Nur eine: „Ich finde ihn wunderschön!" Zurückgeben können Sie ihn dann immer noch. Denn daran sollten Sie einen Mann früh gewöhnen: Stets die Quittungen aufbewahren. Das gibt ihm eine ganz andere Freiheit des Schenkens – und Ihnen das Recht zum Umtausch.

Die Kronjuwelenfrage: Bin ich ihm zu anstrengend? **Xanthippe** ist eine der bedeutendsten Frauen der Antike insofern, als sie den übelsten Nachreden ausgesetzt war, was darauf schließen lässt, dass sie sich von keinem Mann bevormunden ließ, schon gar nicht von ihrem eigenen. Nicht weiter verwunderlich also, dass sie als die anstrengendste Frau aller Zeiten verschrien ist. Ihr Mann Sokrates gilt vielen als bedeutender Philosoph. Tatsächlich muss er ein eher unangenehmer, weil sehr selbstgefälliger Mensch gewesen sein, der zu viel trank und aus seiner Vergesslichkeit eine Tugend machte, dergestalt, dass er andere immer fragte, um was es denn eigentlich gerade im Gespräch so gehe.

Wie fanden die beiden zusammen? Als Xanthippe Sokrates das erste Mal traf, muss ihr etwas an ihm aufgefallen sein, seine Faulheit nämlich und seine Unbedarftheit. Zwei typisch männliche Eigenschaften, die in ihrer Verschränkung jenen Typus Mann ergeben, der das Grauen schlechthin ist: den Pantoffelhelden. Seine Unbedarftheit gefiel ihr, seine Trägheit hingegen machte sie wahnsinnig. Also trieb sie ihn aus dem Haus. Denn ein Mann im Haus ist nur dann ein Gewinn, wenn er es schnell wieder verlässt. Keine Frau kann einen häuslichen Mann auf Dauer ohne Gezänk ertragen: Er riecht, er bevormundet, er macht sich breit.

Viele Männer sind von Natur aus träge und wünschen sich eine Frau, die dieser Trägheit ein Ende macht. Odysseus wurde nur deshalb zum Helden, weil Penelope ihn aus dem Haus warf. Sokrates wurde nur zum Philosophen, weil Xanthippe mit lautem Knall die Haustür hinter ihm schloss. Bleibt die Frage, warum sie ihm die Tür immer wieder öffnete? Als eine Freundin Xanthippe darauf ansprach, antwortete sie: „Ich legte mir diesen Mann zu, weil ich gewiss war, wenn ich ihn ertragen könnte, würde ich mich leicht in alle anderen Menschen finden können." Ein Mann muss eine Belastungsprobe sein, sonst ist er keine Herausforderung für eine kluge Frau.

Zurück zur Frage aller Fragen: Bin ich ihm zu anstrengend? Das ist ein Problem, das sich Männern niemals stellt: Bin ich ihr zu anstrengend? Die meisten Männer gehen ganz selbstverständlich davon aus, dass sie ein Gewinn für die Menschheit sind, für den weiblichen Teil ohnehin. Als selbstbewusste Frau sollten Sie sich daran ein Beispiel nehmen und die Frage anders stellen: Bin ich anstrengend genug? Die einfache Antwort: Sie können niemals anstrengend genug sein. Nur so machen Sie aus Ihrem Mann einen klügeren Menschen. Er wird es Ihnen in der Öffentlichkeit nicht danken können oder wollen, da wird er Sie im Kreis der Kumpane als Xanthippe diffamieren. Aber insgeheim sind Sie die Göttin seines Herzens, denn er weiß sehr wohl, was er Ihnen zu verdanken hat. Bekanntlich hat Sokrates niemals die Scheidung eingereicht. Und wenn der Mann Ihrer Wahl dennoch davonlaufen sollte? War er es nicht wert. Nicht Sie sind das Problem, der Mann ist es.

Handicaps verbinden. Das mysteriöseste und kostspieligste aller Handicaps nennt sich **Yips**. Es sucht, nach landläufiger Meinung, nur Golfer heim. Gute und schlechte Golfer, Trainierte und Untrainierte, das Yips macht da keinen Unterschied. Teuer wird es allerdings für Profigolfer, denn in diesem Sport wird sehr viel Geld verdient. Ein Schlag mehr oder weniger in der Schlussbilanz kann leicht den Verlust einer Million Dollar bedeuten, und je mehr Schläge, desto größer der Verlust. Stellen Sie sich vor, Sie haben am Ende eines Turniers nur noch diesen einen letzten Schlag vor sich. Ein unvermutet einfacher Schlag, denn Sie haben bis dahin großartig gespielt. Nun sollen Sie mit einem Putter, einem kleinen Besenstil mit dickem Griff oben und metallener Schlagfläche unten, einen tischtennisgroßen Ball in ein dreißig Zentimeter entferntes Loch rollen lassen. Das können Kinder. Das könnten Sie als Profi für gewöhnlich im Schlaf. Wenn nicht ausgerechnet in diesem Moment das Yips Sie heimsuchen würde. Dieses seltsame Zucken, das Ihnen unmerklich den Schläger verreißt. Das Publikum stöhnt auf. Sie selbst versinken im Boden. Der Siegerscheck verbrennt vor Ihrem inneren Auge. Aus der Bewunderung aller wird allgemeines Mitleid, getränkt mit Spott angesichts dieses unfassbaren Ungeschicks.

Wie umgehen mit einer unkontrollierbaren Schwäche? Denn jeder leidet unter dieser unwillkürlichen Muskelzuckung, irgendwann, meist zum denkbar ungünstigsten Zeitpunkt, meist in völlig unerwarteten Situationen. Vergessen Sie nicht: Das Herz ist auch nur ein Muskel. Es zuckt von Zeit zu Zeit auf unbeherrschbare Art und Weise, was sein Gutes haben kann, aber auch sein Schlechtes. Sie lieben einen Menschen in sehr aufrichtiger Art und Weise, und dennoch schrecken Sie plötzlich vor ihm zurück, weil er sich die Fußnägel mit seinem Taschenmesser schneiden will.

Und umgekehrt: Ein Mann kann Sie vergöttern, auf immer und ewig lieben, und sich dennoch vor der Farbe Ihres neuen Nagellacks so nachhaltig entsetzen, dass seine Potenz gefährdet ist. Das gibt es. Das ist mysteriös. Unerklärlich. Aber kein Grund zur Trennung. Jeder leidet von Zeit zu Zeit an einer Bewegungsstörung des Herzens, meist ausgelöst vom Kopf. Nennen Sie es Yips. Lassen Sie es kommen und gehen. Viel mehr können Sie nicht tun. Liebe heißt, Geduld mit sich selbst haben.

Bindung entsteht durch **Zärtlichkeit**. Zärtlichkeit ist die taktile Form der Aufmerksamkeit. Es geht das Gerücht, dass Männer weniger Zärtlichkeit brauchen als Frauen. Wahr ist: Männer brauchen andere Formen der Zärtlichkeit.

Stellen Sie sich einen Lehrer vor, beheimatet in einer beliebigen mittelgroßen Stadt, Tag für Tag konfrontiert mit testosterongesäugten Halbwüchsigen, die den Koitus als vorwiegend gestisches Geschehen begreifen, untermalt mit raprhythmischem Balzstottern. Dieser Mann will abends keinen Sex, sondern Zärtlichkeit. Er will berührt werden, wie sich Menschen berührten, bevor ihnen der Teufel das Handy in die Hand drückte. Er will in den Arm genommen, gestreichelt werden. Liebe ist ein Wiegenlied, „La-le-lu, nur der Mann im Mond schaut zu."

Wenn er nicht in den Arm genommen werden will? Wenn er alle kleinen Gesten des Umsorgens von sich weist und nicht die Wange zum Streicheln darbietet, nicht den Lockenkopf zum Kraulen neigt und beide Füße bestrumpft in den Schuhen lässt, weil er die Reflexzonenmassage partout verweigert. Dann will er seine Ruhe haben.

Eine der schönsten Formen der Zärtlichkeit – machen Sie sich unsichtbar. Nichts klappert, niemand spricht, nirgends gilt es etwas zu richten, zu heben, zu schrauben, zu fixieren. Nichts. Einfach nichts. Das ist die vollkommene Zärtlichkeit des Seins. Umhegt von Ruhe. Die er nur eine gewisse Zeit erträgt. Mit der Folge, dass er unruhig wird. Und die Augen irgendwann erwartungsvoll auf Sie richtet. Dann schicken Sie ihn in den Garten oder in den Keller oder zum Einkaufen, aber keinen Moment früher. Lassen Sie ihn kommen. Zärtlichkeit ist die Vorahnung dessen, was gewollt wird, oder nicht gewollt wird, oder als Wollen überhaupt noch nicht begriffen ist. Zärtlichkeit ist ein Gefühl dafür, das Wollen in ihm zu wecken.

III. Verlieben Sie sich auf den zweiten Blick

Wie machen Sie aus einem beliebigen Mann einen unverwechselbaren Mann? Durch Übung – und Phantasie. Liebe ist eine Spielart des Verlangens, nicht des Forderns. Liebe heißt verzaubern lernen. Verzaubern ist Übungssache.

Jeder Mensch kann ein anderer sein, wenn er nur will. Kein Mensch ist vollends zufrieden mit sich selbst. Erst recht kein Mann. Auch wenn viele vorgeben, sie seien es. Jeder will sich verwandeln, von Zeit zu Zeit. Aus sich herausgehen. Frauen können Männer verzaubern. Die Geschichte all dieser Metamorphosen wurde zur Gänze nie erzählt, weil sich die Männer ihrer schämen. Sie schämen sich ihrer Machtlosigkeit. Also schufen sie den Mythos, der zu verstehen ist als die Gesamtheit aller Geschichten, in denen zu klären versucht wird, warum sich Männer in der Gegenwart mancher Frauen wie verwandelt fühlen. In den Mythen sind die Frauen selten das schwache oder gar unterlegene Geschlecht, sondern häufig willensstarke Wesen, die sich die Männer auf vielfältige Weise unterwerfen. Was die Männer wiederum als „Zauber" oder gar Hexerei diffamieren, zumindest als unwiderstehliche Versuchung. Eva lockte Adam aus dem Paradies. Salome brachte Johannes den Täufer um seinen Kopf. Delila bezwang den unbezwingbaren Samson. Circe verwandelte Helden in Schweine. Der blaue Engel stupste Professor Unrat in den Abgrund, Lolita den gar nicht so klugen Humbert Humbert.

Warum lassen Männer sich so bedrohlich verwirren? Wären sie das starke Geschlecht, würden sie dergleichen Versuchungen leicht widerstehen. Andererseits: Warum behaupten Frauen immer wieder, sie seien das schwache Geschlecht? Wo doch die Geschichte reich ist an gegenteiligen Beispielen. Wann immer Frauen sich zur Herrschaft entschieden, herrschten sie auch. Die Königin von Saba reichte ihr Zepter an Elisabeth I., die es weiter an Katharina die Große gab, von der es über Margaret Thatcher zu Angela Merkel gelangte. Männer lassen sich nicht ungern von Frauen regieren. Entsprechende Offerten wurden den Frauen schon immer gemacht: als Muse, als Hexe, als Hure, als Heilige. Sehr dramatische Rollenangebote, weil aus einem Reflex der Schwäche heraus gedacht. Denn letztlich verbirgt sich hinter all diesen Dämonisierungen nur die einfache Bitte: Mach aus mir den Mann, der ich schon immer sein wollte. Beam me up. Das kann jede Frau, sofern sie die folgenden Übungen einstudiert und beherzigt.

1. Modellieren Sie Ihren Traummann nach der Triangelmethode, indem Sie mit einem Schlag all das aufrichten, was darniederliegt: seinen Körper, seinen Geist und seine Seele.

Viele Männer sind zu dick. Viele Männer verwahrlosen. Viele kümmern sich nicht um ihr Äußeres, weil kein anderer sich dafür interessiert. Viele ziehen Kleidungsstücke an, die sie der reinen Farbenlehre nach niemals tragen dürften, offenbar, weil sie glauben, sich der Zuneigung ihrer Partnerin absolut sicher sein zu können. Die Lizenz zur Verwahrlosung: „Du gefällst mir so, wie du bist." Das kann nicht für den Träger von Offroad-Sandalen gelten. Wer dem anderen alle Freiheiten gibt, will sich nur selbst vor kritischen Ansprüchen schützen. Aus dieser wechselseitigen Wattierung erwächst die Ermutigung, sich jeden peinlichen Auftritt gestatten zu können. Aber kein Satz ist irreführender als der: „Ich liebe dich so, wie du bist."

Unser Körper lässt stets Wünsche offen. Ebenso unser Aussehen. Unser Charakter ohnehin. Wer immer nur hört, er sei wunderbar, so wie er ist, kann kein besserer Mensch werden. Jeder Mensch braucht Spielraum für Veränderungen. Der Spielraum öffnet sich, wenn Sie als Frau dem Mann, den Sie lieben, zeigen, wie er schöner werden kann. Ziehen Sie ihm die Jogginghose aus und die Lederhose an. Knöpfen Sie sein Hemd über dem Brusthaar zu und binden Sie ihm einen Schlips um, besser noch, schneiden Sie den Schlips ab und reißen Sie ihm das Hemd auf. Bitten Sie ihn, den Bauch einzuziehen und die verbliebenen Muskelgruppen abzuzählen.

Unser Körper nimmt gute Ratschläge viel schneller an als unser Kopf oder unser Herz. Stellen Sie ihn nackt vor den Spiegel. Fordern Sie ihn auf, den Satz zu sagen, der Ihnen bis dahin immer viel zu leicht über die Lippen kam: „Du gefällst mir so, wie du bist." – „Ich würde dich lieber vorzeigen, wenn du schlanker wärst", wird ihm sein Spiegelbild kühl entgegnen.

Es ist nicht das Gewicht. Es ist die Zuneigung zum eigenen Körper, die sich sofort als Anziehung bemerkbar macht. Der Körper will spüren, dass er gebraucht und geschätzt wird. Das ist zu fühlen. Sie spüren es, wenn ein Mensch sich in seinem Körper wohlfühlt. Sie spüren es, wenn er in Gegnerschaft zu seinem Körper lebt. Sie sehen es. Liebe ist, sich gegenseitig im richtigen Körper zu sehen.

Kein Mann ist gerne fett, unbeweglich und kurzatmig. Warum gibt es dennoch so viele fette, unbewegliche, kurzatmige Männer? Weil sich keiner kümmert. Sie müssen es ihm sagen! Sie müssen es ihm sagen, auch wenn Sie längst nicht mehr mit ihm zusammen sind! Auch wenn es nur Ihr Bruder oder Ihr Neffe ist. Nur bei Ihren Vorgesetzten sollten Sie vorsichtiger sein. Männer sehen sich nicht. Das ist ihr

Dilemma. Männer haben keinen Blick für den Grad ihrer Verwahrlosung. Sie wollen sie nicht wahrhaben. Allein findet selten ein Mensch aus dem Gefängnis, das sein Körper zuweilen darstellt. Helfen Sie einander. Erst, wenn Sie sich mit Ihrem Körper wohlfühlen und er sich mit seinem, können sie sich gemeinsam wohlfühlen. Das ist das Einmaleins der Liebe: Liebe ist körperlich.

2. Einen Mann zur Körperlichkeit zu erziehen heißt, ihn spüren lassen, dass er fühlen kann. Körper sind dazu da, einander näherzukommen. Liebe ist mehr als nur Magnetismus der Seelen. Liebe ist „einander fassen", auf zärtliche Art und Weise, es sei denn, es wird anderes verlangt. Die meisten Männer haben Angst vor Nähe, weil sie Angst vor Zärtlichkeit haben. Wenn über Männer als sexuelle Wesen geredet wird, dann meist nur über die verhaltensauffälligen Exemplare: die Verführer und die Bedränger. Aber die meisten Männer sind weder das eine noch das andere. Die meisten Männer sind tollpatschig. Großmäulig in der Öffentlichkeit, kleinlaut daheim. Und vor allem sehr, sehr unwissend.

Die meisten Männer sind schlicht überfordert, wenn es zum körperlichen Erstkontakt kommt, was sie nicht selten mit pornografischer Penetranz zu überspielen versuchen. Sie tun, was sie gesehen haben. Sie erwarten, was ihnen vorgespielt wurde. Viele Männer glauben, was sie auf YouPorn sehen, weil sie es nicht anders gelernt haben. Ein Mann kann sich nicht selbst über Sexualität aufklären. Männer untereinander können sich nicht über Sexualität aufklären. Wer klärt Männer auf? Die Mütter tun es nicht, was Männer auch niemals wollen würden. Die Väter tun es selten. Die Ehefrauen tun es nie, denn sie erwarten, dass es längst geschehen ist. Die Freundinnen tun es nicht, denn sie sind selbst unsicher. Das offene Gespräch über Sexualität findet nicht statt. Wenn es stattfindet, dann meist nur über den Umweg der Paartherapie – also zu spät. Körperliche Anziehung lässt sich nicht therapeutisch herstellen. Wer sich nicht gern anfasst, gehört nicht zusammen.

3. Machen Sie ihn klüger. Ein kluger Mann ist ein attraktiver Mann. Ein Mann, mit dem es sich gut leben lässt, denn er weiß, worauf es ankommt. Wie machen Sie aus einem normalen Mann einen nachdenklichen oder gar klugen Mann? Indem Sie ihn zum Grübeln bringen. Viele Männer denken nicht. Das ist keine Frage von Klugheit oder Dummheit. Es ist eine Einstellungssache. Wer nicht denkt, hat es leichter im Leben. Männer haben es gern einfach. Sie zerbrechen sich ungern den Kopf. Also verzichten sie aufs Grübeln. Woran Sie das erkennen? Viele Männer sind zu selbstsicher. Sie glauben zu wissen, was sie tun. Sie haben eine Meinung, noch bevor sie Zeit hatten, sich eine zu bilden. Sie übereilen sich. Das ahnen die meisten auch. Das Eingeständnis der Oberflächlichkeit fällt vielen Männern inzwischen erstaunlich leicht. Insofern ist es relativ einfach, einen Mann in der Organisation des Alltäglichen zur Vernunft zu bringen. Er wird den Staubsauger bedienen lernen und beim Wäschewaschen Weißes und Buntes trennen, sofern Sie entsprechend vorsortieren. Männer sind lernfähig. Das heißt nicht, dass sie denken können. Denken heißt, den eigenen Vorteil zugunsten des großen Ganzen außer Acht zu lassen. Viele Männer sind klug, weil ihr Egoismus sie auf Trab hält. Sie sind erfolgreich und charmant, weil es ihnen Vorteile bringt. Sie sammeln Trophäen und Frauen, sonnen sich im Lob derer, die in ihre Fußstapfen treten wollen, und drohen an ihrer Selbstgefälligkeit zu ersticken. Über solche Männer lässt sich viel Gutes und viel Schlechtes sagen, aber zu wirklicher Bewunderung oder gar Liebe geben sie nie Anlass.

Wie bringen Sie einen selbstverliebten Mann dazu, auf Distanz zu sich selbst zu gehen? Verletzen Sie seine Eitelkeit, kränken Sie sein Ego, kurzum, memorieren Sie, was Sie in Kapitel zwei gelernt haben, und machen Sie ihn eifersüchtig. Nichts verstört einen Mann mehr als das Gefühl, dass ein anderer Mann liebenswerter sein könnte als er selbst. Erwähnen Sie diesen neuen Kollegen, der sich mit Ihnen so kenntnisreich über das geheime Leben der Bienen unterhalten konnte, weil er zur Feier der wahnsinnig einvernehmlichen Scheidung einen Imkerlehrgang von seiner Ex geschenkt bekommen hat. Gehen Sie Salsa tanzen, auch wenn Sie es gar nicht mögen, von anderen Männern angefasst zu werden. Schwärmen Sie von ihrem Yogalehrer, obwohl der schon genug von sich selbst schwärmt. Besuchen Sie einen Lichtbildvortrag über tibetanische Teezeremonien und zeigen Sie ihm die Autogrammkarte von Richard Gere, die es kostenlos zum überteuerten „First Flush Dalai" dazugab. Geben Sie dem Mann, den sie lieben, zu verstehen, dass da noch mehr ist im Leben als das, was er für erstrebenswert hält. Wenn er Sie auch liebt, wird er schmollend fragen: „Was haben diese Männer, was ich nicht habe?" Sein offener Mund gibt Ihnen die wunderbare Gelegenheit, ihm das Wort einzuhauchen, das er zuallerletzt von Ihnen erwartete: Seele.

4. Wie machen Sie einen Mann mit seiner Seele vertraut? Indem Sie ihn mit dem Wort vertraut machen. Warum fühlen Menschen nicht das, was sie empfinden? Weil sie keine Worte dafür haben. Seele ist ein Wort, das alles in sich fasst, was ein Mann nicht zu sagen vermag.

Wie bringen Sie ihn dazu, diese seine Seele zu finden und zu fühlen? Gehen Sie auf Reisen mit ihm. Das, was anderswo ist, ist niemals vorstellbar. Die Gerüche, die Menschen, das Erlebnis, ein Fremder zu sein, das Heimweh. Männer müssen bewegt werden, um zu wissen, wohin sie gehören. Wenn er sich nicht in die Ferne entführen lassen will, bringen Sie ihm die Ferne nah. Gehen sie gemeinsam ins Museum. Es muss ein Bild geben, das ihn berührt, das sein Herz bewegt. Es gibt immer ein Bild, das zeigt, was gelebt werden will: Sehnsucht. Ob Maya-Beach oder Engel mit gefalteten Händen, röhrender Hirsch oder Harley mit Hostess, Bilder binden Emotionen. In jedem Spind, in jeder Werkstatt, selbst im Vatikan zieren Nackte die Wände – nicht, weil sie nackt sind, sondern weil unsere Sehnsucht sich immer himmelwärts orientiert, ins Freie, Ungebundene.

Warum lächelt die Mona Lisa über uns? Weil wir etwas in ihrem Porträt suchen, das wir dort nicht finden können: uns selbst. Seelenbilder sind Spiegelbilder sind Seelenbilder. Katzenfotos ausgenommen. Wobei: Legen Sie ihm ein halbes Dutzend Tierbilder vor und fragen Sie ihn, in welchem Tier er sich wiedererkennt. Den Indianern half es auf dem Weg der Seelenfindung und sie waren bessere Pfadfinder als wir. Er verweigert Tierversuche und alles, was mit Seelenmemory zu tun hat? Lesen Sie ihm sein Horoskop vor. Je freundlicher es klingt, desto eher wird er sich mit seinem Sternzeichen anfreunden können. Aberglaube, grollt es in ihm? Charakterchakren, entgegnen Sie feinsinnig und erklären ihm in aller Ausführlichkeit, wie sein Sternbild zum Suchbild für sein Ego werden könnte. Wenn er abwinkt, schenken Sie ihm eine Konzertkarte.

Übers Ohr lässt sich jedem Menschen ein Gefühl einflößen. Manche hämmern es hinein, manche flöten es, so oder so, bei guter Musik bringen selbst Männer den Mut auf zu fühlen, was sie wirklich spüren. Stellen Sie bei einem Punk- oder Heavy-Metal-Konzert den Ton ab und betrachten Sie stumm die Bewegungsabläufe und die Gesichter.

Menschen, die außer sich sind. Das ist nicht immer schön, aber aufschlussreich. In jedem Menschen steckt ein Schrei nach Liebe. Er ist nicht immer melodiös, aber deutlich zu hören. Bringen Sie einen Mann zum Summen. Spielen Sie ihm immer wieder die Lieder vor, die er gern hört. Führen Sie ihn an Orte, wo sich Musik empfinden lässt, die gar nicht von Menschenhand gespielt wird. Der Wind in den Weiden. Das Rascheln der Blätter. Schicken Sie ihn in den Wald. Lehren Sie ihn den Unterschied zwischen Laub- und Nadelbäumen, den er dankbar empfinden wird, wenn er Letztere umarmt. Härten Sie ihn ab, wenn er zu glauben beginnt, die Liebe der Schöpfung gelte nur ihm.

Führen Sie ihn auf den Friedhof und fragen Sie ihn, ob er sich vorstellen könnte, jetzt schon alles hinter sich zu lassen. Schmuggeln Sie Alan Parsons „Tales of Mystery and Imagination" auf seine Playlist und malen Sie in Poes Worten aus, wie es sich anfühlt, lebendig begraben zu sein. Denn – fassen Sie bei diesen Worten seine kalte Hand – so fühlen Sie sich zuweilen in der Beziehung mit ihm. Wenn er beginnt, an Ihrem Geisteszustand zu zweifeln, gehen Sie gemeinsam auf den Flohmarkt, wo sich sehr sachlich zeigen lässt, was von einem Haushalt bleibt, der gerade aufgelöst wurde. Listen Sie all die Dinge, auf die Sie gern verzichten würden. Fragen Sie ihn, wo eigentlich der Teddybär seiner Kinderjahre geblieben ist. Heben Sie eine Hantel, die der gleicht, die er seit Jahren unter der Couch versteckt. Zeigen Sie auf die Kristallgläser, aus denen einst seine Eltern getrunken haben. Wenn er weint, reichen Sie ihm ein Taschentuch.

Gehen Sie ins Tierheim mit ihm und achten Sie darauf, ob er die flehenden Blicke all der Katzen und Hunde erwidert, die kein Zuhause mehr haben. Tiere haben eine Seele. Er sieht sie nicht? Er fühlt sie nicht? Er bleibt der, der er ist? Dann ziehen Sie die Konsequenzen. Verlassen Sie ihn!

Wenn er sich weigert, sich selbst zu begegnen, lassen Sie ihn mit sich allein. Ihnen bleibt immer noch die Hoffnung, dass ihn vielleicht der Abschiedsschmerz zerreißt. Wenn nicht, vergessen Sie ihn. Schreiben Sie einen Brief über Ihre Gefühle, aber schicken Sie ihn nicht ab. Geben Sie ihm Zeit, seinen Verlust zu erkennen. Wenn er ihn nicht erkennt, war er es nicht wert. Sagen Sie solche Sätze nicht einfach nur so dahin.

5. Lieben Sie den, der die Liebe am nötigsten hat. Meiden Sie den, der es für selbstverständlich hält, geliebt zu werden. Eine schwere Unterscheidung: Wann ist es Liebe, wann ist es nur die Hoffnung, es könnte Liebe sein? Sie werden immer einen Mann finden, der besser weiß, was in einer Beziehung gut und richtig ist, aber selten einen, der es besser macht, Ihnen zuliebe. Wo finden Sie diesen Mann? Nicht auf der Chefetage. Einen selbstbewussten Mann werden Sie nicht mehr modellieren können. Selbstbewusste Männer sind das Elend dieser Tage. Woher auch immer sie ihr Selbstbewusstsein beziehen, ob von der Eitelkeit der Eltern, dem leeren Lob der Lehrer, den autoerotischen Einflüsterungen ihres überschätzten Talents, eitle Männer, die wissen, wo es langgeht, finden sich zuhauf: in der Sackgasse. Dort wollen Sie nicht hin!

Die goldene Regel: Suchen Sie einen ängstlichen Mann. Warum? Weil er Ihnen ewig dankbar sein wird, dass Sie ihn gefunden haben. Die Zahl der mutlosen Männer übersteigt die der mutigen bei Weitem. Deswegen sind so viele Männer einsam. Deswegen machen so wenig Männer Karriere. Immer wieder wird beklagt, dass sich zu wenig Frauen in Führungspositionen finden. Fakt ist, es gibt auch nicht allzu viele Männer in Führungspositionen. Vor allem nicht die richtigen. Es sind selten die klügsten Männer, die Karriere machen, oder die kooperativsten, es sind die wendigsten Männer, die skrupellosesten, die Männer, die sich selbst am wichtigsten nehmen. Und was wird aus all den Männern, die auf der Strecke bleiben? Frauen können als Entschuldigung immer vorbringen, sie seien Opfer des Patriarchats. Männern nimmt diese Ausrede keiner ab. Sie bleiben allein mit sich und ihren Zweifeln. Als Frau haben Sie die Wahl: Sie können diese Selbstzweifel stärken oder Sie können diese Selbstzweifel kurieren, indem Sie vorgeben, ihn so zu lieben, wie er ist. Das gibt ihm den Mut, zu dem Mann zu werden, den Sie wirklich begehren. Das Paradox der Liebe: Ihr Herz sieht nicht, was ist, sondern was sein wird.

6. Wie erkennen Sie rein äußerlich, ob ein Mann es wirklich wert ist? Gar nicht. Kein Mann gibt sich so, wie er ist. Schon gar nicht physiognomisch. Denken Sie an King Kong oder Frankensteins Monster. Wer hätte je gedacht, dass in deren Brust ein so großes, wild pochendes Herz schlägt?

„Ich vertraue auf mein Bauchgefühl!" Beim Autokauf, bei der Waschmaschine, bei der Couchgarnitur, vertrauen Sie da auch auf Ihr Bauchgefühl? Aus dem Bauch heraus treffen Sie nur dann die richtigen Entscheidungen, wenn Sie vorab eine Matrix festgelegt haben, in die Sie Ihre Gefühle einordnen können. Die Klammern dieser Matrix sollten sehr weit gefasst sein, denn je engstirniger die Typisierung des Mannes, desto größer die Wahrscheinlichkeit an ihm zu scheitern. Gutaussehend, erfolgreich, zeugungswillig soll er sein. Ein Romeo von Gestalt und Gemüt, aber erwachsen und finanziell unabhängig der Statur nach. Auf wie viele Männer trifft das zu?

Gutaussehend ist die sehr vage Beschreibung einer sehr vagen Wahrnehmung. Je länger Sie einen gut aussehenden Mann ansehen, desto banaler wirkt er. Was nicht zwangsläufig heißt, dass Sie einen unscheinbaren Mann nur lange genug ansehen müssen, um ihn attraktiv zu finden. Schön ist jeder Mensch, der mit sich im Reinen ist. Erfolgreich ist jeder Mensch, der sein Leben nach den eigenen Vorstellungen leben kann und nicht nach denen anderer. Wie viele vermeintlich erfolgreiche Menschen können das? In der Nische der Erfolglosigkeit lebt es sich oft freier. Zeugungswillig? Die schüchternsten Männer sind oft die liebevollsten Väter.

Schränken Sie die Wahl eines möglichen Partners nicht durch übertriebene Ansprüche ein. Nehmen Sie sich zurück. Erwarten Sie das Erwartbare. Insofern bietet sich als erste und allumfassende Anforderung an: Nett soll der Mann sein. Nett? Dann schon lieber den Teufel selbst, wird manche Frau seufzen, für die ‚nett‘ die Umschreibung all dessen ist, was sie nicht von einem Mann erwartet. Aber wie viele Frauen kennen Sie, die mit einem Vampir glücklich wurden, wahlweise mit einem Rocker, einem Rapper, einem Broker oder einem beliebigen anderen Ego-Shooter aus dem Rollenfach „Teufelskerl“. Jenseits der dreißig gibt es keinen Grund mehr, sich besinnungslos zu verlieben. Vor allem keine Zeit. Je älter die Beteiligten, desto weniger Muße haben sie für romantische Gefühle. Also suchen Sie den netten Mann!

7. Wie erkennen Sie einen netten Mann? Meiden Sie glücklose Männer, denn sie haben wenig Anlass, nett zu sein. Männer, die Ihnen beim ersten Treffen schon erzählen, was in ihrem Leben alles schieflief, werden auch in Zukunft wenig Glück haben. Vor allem werden sie immer anderen die Schuld geben, dass sie nie Glück hatten. Ein glückloser Mann sucht keine Frau, sondern einen Sündenbock. Deswegen zeigt er sich am Anfang besonders nett. Aber er ist leicht zu durchschauen, denn der Konjunktiv ist sein wahres

Aphrodisiakum. „Hätte ich damals nicht das oder das oder das getan, dann …" – ja, dann stünde er genauso da wie jetzt. Weil er einfach nicht der Typ ist, dem etwas gelingt.

Meiden Sie Glückspilze! So wie es die ewig Unglücklichen gibt, gibt es die ewig Glücklichen. Seltener, aber es gibt sie. Aber Glückspilze sind keine Partner, an deren Seite es sich glücklich sein ließe. Denn glückliche Menschen haben keinen Grund, sich um andere Menschen zu bemühen. Sie sind sich selbst genug. Ihr Lächeln geht nach innen. Deswegen wirken sie immer ein wenig entrückt. Wiederkäuer des eigenen Glücks.

Suchen Sie den normalen Mann! Der normale Mann ist der nette Mann, der nette Mann der normale. Wer ist schon normal, werden Sie einwenden. Gute Frage, einfache Antwort: Die meisten Menschen, ob Männer oder Frauen, sind normale Menschen. Sie sind weder sehr klug noch sehr dumm, weder sehr erfolgreich noch sehr erfolglos, sie sind irgendwo in der Mitte, die sich Normalität nennt. Schwer zu definieren, aber leicht zu erkennen. Wenn Sie einen Abend mit Freunden oder Bekannten verbracht haben, werden Sie im Anschluss immer von dem ein oder anderen sagen: „Wenigstens ein normaler Mensch!" Und Sie werden es mit einem Seufzer der Erleichterung tun. Denn zuweilen überkommt einen der Eindruck, viel zu viele seien nicht normal. Aber das ist Einbildung. Verlassen Sie sich auf die Statistik. Der normale Mann ist zahlenmäßig noch immer in der Mehrheit. Warum? Weil er geschichtlich gesehen das erfolgreichste ‚Modell Mann' ist. Der mutige Mann stirbt schneller als der Feigling. Der kluge Mann ist einsamer als der Dumme. Der schöne Mann ist selten der beliebte Mann. Der erfolgreiche Mann ist der stets gestresste Mann und stirbt in der Regel früher als die von ihm Gestressten. Nur der normale Mann kann sich aus allem heraushalten.

Der normale Mann ist der wandelbarste Mann, weil sich so viel mit ihm anstellen lässt. Er ist die Person gewordene Aufforderung an Sie als Frau, mehr aus ihm zu machen. Der normale Mann ist der erziehbare Mann. Erziehbarkeit ist auf Dauer das wirksamste aller Aphrodisiaka. „Sie hat aus mir einen besseren Menschen gemacht." Können Sie sich ein schöneres Kompliment vorstellen?

Wie erkennen Sie den normalen Mann? Normalität schließt Perfektion aus. Der normale Mann kann niemals der perfekte Mann sein. Wollen Sie Perfektion? Nein, niemals, werden Sie öffentlich beteuern, aber sich insgeheim eingestehen, dass Sie schon ein wenig mehr als nur das ‚Normale' erwarten. Wie harmonisieren Sie diese Ihre Erwartungen mit der Mittelmäßigkeit Ihres Partners? Ganz einfach – indem Sie Ihren Partner an Ihre Erwartungen anpassen. Ob Rüdiger das Zeug zum Romeo hat, entscheiden allein Sie!

8. Trainieren Sie Ihren Blick für den bescheidenen Mann. Der normale Mann ist immer auch der bescheidene Mann. Aber der bescheidene Mann scheint stets unauffindbar. Warum? Weil er so bescheiden ist. Das ist sein Alleinstellungsmerkmal. Wie soll ich ihn dann finden, werden Sie fragen. Ganz einfach, er steht immer in der zweiten Reihe. Überall und immer. Orientieren Sie sich zunächst an den vermeintlichen Hauptdarstellern einer Szenerie, aber dann schwenken Sie den Blick sofort zur Seite. Fokussieren Sie nicht den Autor, sondern achten Sie auf den Buchhändler. Vergessen Sie den Schauspieler und suchen Sie stattdessen den Beleuchter. Der Stürmer schießt die Tore, aber der Linienrichter entscheidet über das Abseits. Wer wichtig ist im Leben, erschließt sich erst auf den zweiten Blick. Ein Umdenken, das nicht leichtfällt, denn es stellt all unsere Sehgewohnheiten auf den Kopf.

Wie alt darf der normale, nette Mann sein? So alt, wie Sie ihn brauchen. Der ältere Mann ist der leidenschaftlichere Mann, denn er hat sein Verfallsdatum vor Augen. Der jüngere Mann ist der ernstere, denn er macht sich Sorgen um die Zukunft aller. Wenn Sie klug sind, wechseln Sie zwischen dem jüngeren und dem älteren Mann. Der eine als Freund, der andere als Liebhaber, und das im regen Wechsel. Eine unmögliche Idee? Das Gute an normalen Männern ist, dass sie sich sehr gut zum Unmöglichen eignen, weil sie sich tagtäglich ihrer Normalität schämen.

9. Wie bringen Sie einen bescheidenen Mann zum Sprechen, insbesondere über seine Gefühle? Sprachlosigkeit ist normal bei normalen Männern. Manche lernen nie, ein nettes Wort an andere zu richten. Nicht, weil sie gefühllos wären, sondern weil ihnen die Worte fehlen. Achten Sie daher auf kleine Zeichen des Entgegenkommens. Männer suchen selten nach Begriffen, wenn sie sich verständlich machen wollen. Oft begnügen sie sich mit einfachen Signaltönen – ein Grunzen, ein Summen, diffuse Brummgeräusche. Was Sie an Katzen lieben, das sanfte Schnurren, hören Sie gelegentlich auch beim Mann, nur in einer tieferen Tonlage. Achten Sie auf seine Körpersprache. Gesten sollten immer so zutraulich gedeutet werden, wie sie insgeheim gemeint waren. Oft wissen Männer gar nicht, was es bedeutet, wenn sie sich verlegen am Kopf kratzen oder ihre Nasenhaare zupfen. Es kann ein Signal für körperliche Hingabe im Stadium der taktilen Selbsterkenntnis sein. Der Mann lernt sich kennen, weil er Sie kennenlernen will. Er tastet sich gleichsam auf seine Zumutbarkeit hin ab. Aus Schüchternheit wird Zuwendung zunächst zum eigenen Körper, dann Hinwendung zu Ihnen. Nicht jedes dieser Gefühle lässt sich in Worte übersetzen, aber viele solcher Gesten lassen auf tiefere

Gefühle schließen. Sprecherziehung bei Männern muss sich an den ganzen Mann richten: Aus Reden wird Tun. Geben Sie ihm zwei, drei Tipps, wie er zeigen kann, was er eigentlich sagen möchte. Er wird Ihnen gern die Tür aufhalten, wenn er sich damit das Kompliment erspart, das ihm unaussprechbar scheint, weil er Sie so viel schöner findet, als Worte es je ausdrücken könnten. Er wird sich darum reißen, Ihnen in den Mantel zu helfen, sofern Sie es ihm erlassen, seine Eindrücke über den gerade gesehenen Film zu sortieren. Werden Sie strenger mit der Zeit. Bitten Sie ihn, beim Spaziergehen nicht immer zwanzig Meter voranzulaufen, als müsste er Ihre Haarbürste apportieren. Geben Sie ihm Gelegenheit, die Restaurantrechnung zu bezahlen, die Haushaltskasse aufzufüllen, in der Sauna stiller zu stöhnen, und Sie werden ihn zum Sprechen bringen.

10. Wie unterscheiden Sie bei einem normalen Mann echte Mängel von falschen Mängeln? Manche Frauen neigen bei Männern dazu, das Unmögliche möglich machen zu wollen, aber nicht alle Charakterdefekte sind korrigierbar. Sie können einen Geizhals niemals zur Großzügigkeit erziehen. Der geizige Mann ist und bleibt der lieblose Mann, denn er geizt mit allem. Sie werden aus einem Besserwisser niemals einen aufmerksamen Zuhörer machen, denn er weiß immer alles besser. Ein Egomane wird sich niemals fürs Du begeistern lassen, solange er sein Ich so wunderbar findet. Ein Windhund wird nicht schwanzwedelnd auf Ihrem Schoß Platz nehmen.

Welche Mängel können Sie ohne größeren Aufwand beseitigen? Unsauberkeit ist bei den meisten Männern inzwischen kein Thema mehr. Wenn doch, dann meist aus Gedankenlosigkeit, nicht aus Vorsatz. Manche Männer riechen einfach nicht, wie sie riechen. Das ist leicht zu ändern:

Machen Sie ihn einfach auf einen Mann aufmerksam, der ebenfalls streng riecht. Männer erziehen Sie am einfachsten in Konkurrenz zu anderen Männern, das weckt rasant ihre Sinne. Allgemein gilt: Männer riechen heutzutage besser als noch vor Jahrzehnten, sind höflicher geworden, dialogfähiger, was bei vielen allerdings auf Kosten der Libido geht. Libido ist zu definieren als die Menge an Energie, die nötig ist, um der Welt leidenschaftlich und nicht nur tolerant gegenüberzutreten. Diese Kraft scheint sich kontinuierlich zu verringern. Viele Männer sind antriebslos, unaufmerksam bis zur Gleichgültigkeit, wenn es um den Sexualakt selbst geht. Der liebe Mann ist der leidenschaftslose Mann. Dieses Paradox verstört. Zumal es sich im paartherapeutischen Gespräch nicht auflösen lässt. Je erfolgreicher die Therapie, desto unattraktiver der Mann, der aus ihr hervorgeht. Die Beseitigung aller Mängel eines Mannes ist von daher Handlungswunsch, aber niemals Handlungsziel.

11. Wie machen Sie aus einem temperierten Mann einen temperamentvollen? Geben Sie ihm die Chance zum Rollenwechsel. Viele Menschen glauben, sie seien lebenslänglich einer Rolle verpflichtet – aber das sind eingebildete Fesseln. Nur Hochbegabte haben es wirklich schwer im Leben, denn sie sind ihrem Talent bedingungslos ausgeliefert. Geniale Musiker, Mathematiker, Erfinder, Ärzte oder Popstars müssen wie geniale Musiker, Mathematiker, Erfinder, Ärzte oder Popstars auftreten. Sie können ihr Fach nicht wechseln. Alle anderen tun nur so, als seien sie unverwechselbar, weil sie genau wissen, dass ihr Talent zur Unverwechselbarkeit letztlich nicht genügt. Sie sind austauschbar, wie jeder normale Mensch. Diese Austauschbarkeit ermüdet und macht Angst, wenn sie nicht als Chance zum Rollenwechsel begriffen wird. Ein Mann, der sich kein anderes Leben zutraut

als das gegenwärtige, wird auch Ihnen kein anderes Leben zutrauen – und schon schließt sich für immer die Tür der Doppelhaushälfte hinter Ihnen. Was tun?

Das größte Problem des netten Mannes ist sein schlechtes Gewissen. Ein schlechtes Gewissen kann ein netter Mann gegenüber allem und jedem haben, das ist der Grund seiner Nettigkeit und zugleich der Quell seiner Verängstigung. Ein netter Mann wird schon bei seiner Geburt denken, er habe alles falsch gemacht, weil seine Mutter ihn unter Schmerzen gebar. Er wird sich Vorwürfe machen, weil es einen Vater zur Zeugung brauchte, und viel Zeit und Geld, um ihn großzuziehen. Er wird ein schlechtes Gewissen beim ersten Kuss empfinden, weil seine Zunge zu feucht ist und die Mundhöhle zu trocken. Er wird beim Geschlechtsverkehr nur auf die Partnerin achten, weil er seine eigenen Bedürfnisse hintanstellt. Im Verlangen, allen immer alles recht zu machen, wird er alle immer schrecklich langweilen. Was nicht weiter für Unruhe sorgt, weil keiner ihm gegenüber ein schlechtes Gewissen hat. Selten wird einem netten Mann gesagt, dass er zu nett ist.

Einen netten Mann zum Mann formen heißt, ihm das schlechte Gewissen ausreden. Alle gängigen Erziehungsversuche des Mannes laufen darauf hinaus, ihn zu verunsichern, und zwar bei allem, was er tut. Es ist nie gut genug. In der Kindererziehung gab es genau die gegenläufige Entwicklung: Es ist alles gut, was das Kind tut. Kindern ist mittlerweile all das erlaubt, was Männer gern tun würden: schreien, wo immer sie gehen und stehen, Kriegswaffen horten, alberne Filme sehen, ohne Messer und Gabel essen, in den Sandkasten pinkeln, alles ohne Strafandrohung. Kinder müssen sich nicht mehr schämen, für nichts, das macht sie so selbstbewusst. Männer hingegen müssen bei allem ein schlechtes Gewissen haben, das macht sie so unattraktiv.

Klopfen Sie ihm auf den Bauch und er zieht ihn ein. Erzählen Sie ihm vom Klimawandel und er setzt sich aufs Fahrrad. Werfen Sie einen Joghurtbecher in den Papierkorb und er fischt ihn heraus. Er bringt den Müll runter, erledigt die Einkäufe im Bioladen, fährt die Tochter zum Schauspielkurs und sagt noch kurz bei der Flüchtlingshilfe „Hallo", um seine ungetragene Lederjacke zu spenden. Der moderne Mann pariert. Nicht aus Überzeugung, eher schon aus Notwehr. Aber – aus einem schlechten Gewissen entspringen keine großen Gefühle. Wenn Sie einen Heiratsschwindler, einen Rapper, einen Physiotherapeuten fragen, was das korrekte Benehmen gegenüber Frauen sei, dann werden sie einvernehmlich antworten: Sei niemals zu lieb.

12. Überprüfen Sie Ihr Leseverhalten. Welchen Typ Mann wollen Sie wirklich? Aus dem weiblichen Leseverhalten ergibt sich ein eindeutiger Hinweis, nämlich den auf eine komplett schizophrene Erwartungshaltung. Die zwei berühmtesten Romanhelden dieser Tage sind: Harry Potter, ein Zauberlehrling, und Christian Grey, ein Bondage-Trainer. Die Vermutung liegt nahe, dass der moderne Mann eine Mischung aus beidem sein soll: tagsüber jungenhafter Zauberer, der aus dem Alltag ins Paradies der ewigen Kindheit entführt, nachts Fesselkünstler, der mit zarter Bestimmtheit ins Nirwana der Lüste dirigiert.

Wenn Sie Ana Steele, die weibliche Hauptdarstellerin von „Fifty Shades of Grey", nach ihrem Rollenverständnis von Mann und Frau fragen, würde sie in der Öffentlichkeit stets die Gleichberechtigung fordern, in den heimischen vier Wänden aber die Unterwürfigkeit des Mannes unter der Maske einer fadenscheinigen Dominanz. Beider Namen bekräftigen dieses Machtgefälle. Welcher Mann will so sein wie Christian Grey, geschweige denn so gerufen werden?

Harmloser als Christian kann kein Mann heißen. Selbst wenn er nie etwas von Christus gehört hätte, die Friedfertigkeit liegt in seinem Wesen, allein dank des zahmen Vornamens. Nachname: Grey, der Graue, der niemals Auffällige, der Mann ohne Farbe, von dem nie jemand spricht, der Mann wie du und ich. Dieser Niemand wird in den Träumen Ana Steeles zum leidenschaftlichen Verführer. Ana, die Frau schlechthin, dem Namen nach „die alles Gewährende", die Namensgeberin der Ana-lyse, des Anfangs und des Endes, des A und des O. Ana mit Nachnamen Steele, ein Nachname, der eigentlich Philip Marlowe oder einem der anderen Einzelgänger des Sunset Boulevard gebührt hätte, Ana Steele, also, die Urenkelin der Göttin Athene, gibt sich dem mausgrauen Camoufleur Christian Grey hin, weil er in ihrer Phantasie zu dem Mann wird, den sie im Alltag niemals würde kennenlernen wollen. „Fifty Shades" erzählt, wie eine Frau sich den Mann erschafft, der sie zum Träumen bringt. Nicht zum Nachdenken, oder zum Reden, oder zum Kuscheln, nein, zum Träumen.

Kein Mann kann nach „Fifty Shades of Grey" zu einer Frau noch kopfschüttelnd sagen: „Ich weiß gar nicht, was du von mir willst!" Er weiß es, insofern er es nicht weiß. Christian Grey hat es vorgelebt, das Paradox der neuzeitlichen Maskulinität: Der Mann fordert Unterwerfung, auf Verlangen der Frau hin, und wird, indem er pariert, zum Sklaven ihrer Lüste, was wiederum sein eigenes Verlangen nach Unterwerfung stillt. Klingt verworrener, als es in der Praxis gehandhabt wird. Fakt ist: Ein Mann kann niemals wissen, was eine Frau von ihm will, weil sie es selbst nicht weiß, solange der Mann noch nicht der ist, den sie wirklich lieben kann.

13. Wie machen Sie aus dem netten Mann den Mann Ihrer Träume? Der nette vulgo nichtssagende Mann ist nicht

zwangsläufig der unattraktive Mann. Im Gegenteil, der Mann ohne Eigenschaften bietet die größte Projektionsfläche. Sie können ihn verwandeln, in was immer Sie wollen – wenn Einvernehmen darüber herrscht, dass alles nur eine Vereinbarung auf Zeit ist. Kein Mann will acht Tage die Woche Dracula spielen, aber er begibt sich gern für eine Nacht in die „Twilight Zone" – wenn Sie ihm zeigen, wo er zubeißen muss. Der nette Mann kennt seine Grenzen, die ihm durch seine Nettigkeit gezogen sind, aber er wird gern über seinen Schatten springen, allerdings nicht sehr weit, was seiner mangelnden Athletik geschuldet ist. Leisten Sie Hilfestellung. Was hindert Sie, ihn als den Mann zu sehen, den Sie sehen wollen, und nicht als den Mann, der er ist. Männlichkeit liegt im Auge der Betrachterin.

Stünden Sie als Frau nackt vor dem Spiegel, wüssten Sie vermutlich genau, was Sie von einem hinzutretenden Mann gerne hören würden. Er sollte nicht wirklich lügen, aber doch etwas Nettes sagen können. Etwas, das Ihnen zeigt, dass er sich noch den Blick für Sie als Mensch bewahrt hat. Nun tauschen Sie bitte die Positionen und betrachten Sie den nackten Mann im Spiegel. Was an ihm finden Sie schön? Vermutlich das, was gerade nicht im Spiegel zu sehen ist. Früher hätten Sie ihm einen Hut aufsetzen können mit den Worten: „Ein sehr schöner Hut. Steht dir gut." Erst das Accessoire macht den Mann schön.

Nun steht er nackt und als netter Mann vor dem Spiegel und bittet um einen Kommentar. Wollen Sie ihm die Wahrheit sagen? Sie dürfen den Blick nicht abwenden, als wüssten Sie gar nichts zu sagen. Sie können nicht stumm den Raum verlassen, Sie können aber auch nicht bleiben. Was Sie tun sollten? Ihn in Sicherheit wiegen: „Schatz, ich liebe dich." Er wird Sie fragend ansehen: „Mich oder meinen Körper?" Sie werden nicken, und lächeln, und sich schwören, niemals mehr mit einem netten, nackten Mann vor den Spiegel zu treten.

14. Wie bringen Sie einen Mann ohne Eigenschaften dazu, sich selbst zu lieben? Nette Männer zweifeln fortwährend an sich selbst. Sie vertrauen ihren eigenen Gefühlen nicht, und schon gar nicht den Gefühlen der anderen. Nette Männer sind oft kleinlich, in allem, weil sie all ihre Guthaben zu gering schätzen, auch die emotionalen. Verführen Sie ihn zur Großzügigkeit! Der Verschwender wird stets geliebt, auch wenn er das Geld oder die Gefühle anderer verschwendet. Es ist die Geste, die imponiert: Kommt an meinen Tisch, trinkt und esst alle davon! Im Alltag herrscht das Diktat der Diät. Esst vernünftig, liebt vernünftig, lebt vernünftig, aber die Sehnsucht in uns spricht: Verschwende dich! Wenn es dem kleinlichen Mann schwerfällt, großzügig mit dem eigenen Geld umzugehen, dann ermuntern Sie ihn, das Geld anderer auszugeben. Was Hochstapler so beliebt macht, ist ihre Lässigkeit im Umgang mit fremdem Eigentum. Auf Pump leben wir alle, von Zeit zu Zeit, gerade in Gefühlsdingen. Sich selbst ein wenig wichtiger nehmen, als man ist. Ein wenig bedeutender tun, als es angebracht wäre. Einfach innig sich selbst umarmen, als wäre man es wert. Liebe heißt: Bei sich selbst emotional Schulden machen dürfen, und bei anderen.

15. Zeigen Sie sich selbst von Zeit zu Zeit großzügiger, als Sie es eigentlich für angebracht hielten. „Nimm mein Geld!" Jeder Mann wünscht sich diesen Satz von einer Frau, ab und an. Weil es ihn von der Verantwortung befreit, für andere da sein zu müssen. Weil es ihn zu sich selbst bringt. „Der brave Mann denkt an sich selbst zuletzt", diese Vernachlässigung ist sprichwörtlich, aber nicht mehr zeitgemäß. Der nette

Mann muss an sich selbst denken lernen. Dafür braucht er Geld. Geben Sie ihm das Geld! Er wird es ohnehin nicht annehmen. Bieten Sie es ihm dennoch an: „Mein Gehalt reicht für zwei!" Bringen Sie diesen Satz locker über die Lippen? Ohne den Vorbehalt: „Aber nur bis zum nächsten Ersten!" Oder formulieren Sie in stiller Empörung sofort die Anschlussfrage: „Wie komme ich eigentlich dazu?" Viele Frauen leiden an ausgeprägten Verarmungsängsten. Unbegründete Ängste meist, die sich dem Mann aber unterschwellig mitteilen. Der nette Mann will finanziell nicht zur Last fallen. Er ist kein Verschwender, eher schon geizt er. Geben Sie ihm die Mittel, spendabel aufzutreten. Früher ließen die Ehefrauen die Männer dafür zahlen, dass sie kein eigenes Leben hatten, und gaben das Geld des Gatten mit vollen Händen aus. Das kam die Männer teuer zu stehen. Jetzt, da die Frauen ihr Geld selbst verdienen, können Sie es sich leisten, für den Unterhalt des Mannes aufzukommen. Ziehen Sie die Spendierhosen an. Er wird es durch Anhänglichkeit danken. Wenn nicht, war er es nicht wert, und die Summe, die Sie verloren geben müssen, verrechnet sich ohne weiteres mit dem Kummer, der Ihnen erspart blieb.

16. Wie bringen Sie einen netten Mann dazu, kultiviert aufzutreten? Hochkultur langweilt die meisten Männer, weil sie es darauf anlegt, zu verstören. Kein Mensch, kein Mann, schon gar kein netter Mann will auf Dauer verstört werden. Auch nicht von Gestörten. Das Brüchige im Leben anderer macht selbst sensible Männer nicht zärtlicher, sondern zerbrechlicher. Sie können nur sehr schwer mitleiden, es sei denn mit sich selbst. Der Kummer vieler Männer über die eigene kulturelle Unempfindsamkeit ist fühlbar, aber für die meisten nicht wirklich peinigend, zumindest nicht so peinigend wie ein Schnupfen. Männer

sind auf vieles neidisch, aber nicht auf den Intellekt ihrer Konkurrenten.

Wie machen Sie einem Mann seine Unbildung begreiflich, ohne ihn zu verletzen? Gehen Sie mit ihm ins Kino. Überlassen Sie ihm die Wahl des Films. Die paartherapeutische Vorgabe: Er muss sich mit Ihnen nicht auf einen Film einigen müssen. Er darf rücksichtslos sein: freie Wahl der Plätze, freie Wahl des Films. Parkett oder Loge – das wird auch über die Zukunft Ihrer Beziehung entscheiden. Bezahlt er nur fürs Parkett und lotst Sie dann heimlich in die Loge, sollten Sie auf der Hut sein. Vor der Wahl des Films hingegen müssen Sie keine Angst haben. Ein netter Mann kann und will sich nur nach Maßgabe seines Temperaments amüsieren. Alles andere strengt ihn zu sehr an. Natürlich wird er kurz erwägen, mit Ihnen in einen Liebesfilm zu gehen, aber sich dann mit der Entschuldigung herauswinden, dass gute Liebesfilme heutzutage sehr, sehr selten sind. Deshalb lieben so viele Männer Superhelden- und Mutanten-Filme. Weil die Probleme extraterrestrischer Art sind. Weil sie überschaubare Strategien der Problemlösung mögen. Weil Sie gern lachen und kindisch sind. Warum sehen sich Männer ungern Frauenfilme an? Weil sie unnötig Probleme aufwerfen: „Eat Pray Love". Die wenigsten Männer wollen in die Fußstapfen des Dalai Lama treten. Aber wenn sie aufgefordert würden, sich den „Avengers" anzuschließen, dann gibt es kein Zögern. Warum? Weil Männer gerne spielen. Das liebste Spiel, das sie spielen, ist: Ich bin unbesiegbar. Mein Name ist Bond, James Bond und nicht Kafka, Franz Kafka. Kein Mann versetzt sich gern in eine Situation, die er nur allzu gut kennt: nämlich die des Verlierers. Das können Sie ihm nicht zum Vorwurf machen. Denn viele Männer sind verletzlicher, als es den Anschein hat. Oft genügen Nichtigkeiten, um einen Mann zum Weinen zu bringen.

Das große Leid hingegen ertragen nur Frauen, weil sie von jeher Kummer gewöhnt sind.

Männer wollen im Kino nicht weinen, weil sie sich vor großem Publikum ungern als Gefühlsmensch bloßstellen. Männer wollen im Kino auf unterhaltsame Art erzogen werden. Gehen Sie mit ihm in „Ich – Einfach Unverbesserlich". Machen Sie ihn mit „Gru", dem Superschurken bekannt, der den Mond stehlen will, weil er seiner Mutter gefallen möchte, die ihn als Verbrecher nie wirklich ernst genommen hat. Achten Sie darauf, wann er lacht und wie er lacht. Summen Sie mit den Minions, singen Sie ihm beim Zubettgehen das Banana-Lied vor: „Ba ba ba, ba ba na na Banana!" Sie werden ein Lachen hören, das Sie so von ihm noch nie gehört haben. Rezitieren Sie zur weiterführenden Belehrung über das gerade Geschehene Rilke: „Ich bin dir wie ein Vorbereiten und lächle leise, wenn du irrst …" Aber da wird er schon eingeschlafen sein.

17. Wie bringen Sie den Mann ohne Eigenschaften dazu, seinem eigenen Ehrgeiz zu vertrauen? Loben Sie ihn! Lob reimt sich auf Liebe, immer und überall. Zeigen Sie ihm, dass Sie ihm etwas zutrauen, ob beim Küssen oder beim Kochen. Geben Sie ihm das Gefühl, er könne Ihnen etwas beibringen. Loben Sie ihn für alles, was er tut. Hoffen Sie nicht auf den Moment, wo er sich gegen allzu übertriebenes Lob wehrt. Dieser Moment wird nicht kommen.

Das größte Kapital der Frau ist der Selbstzweifel des Mannes. Dieser Zweifel ist untilgbar, denn er liegt in seiner sexuellen Fragilität begründet. Ein Mann kann sich niemals sicher sein zu können. Liebe ist für ihn daher immer der schwere Schritt vom „Yes you can" zum „Yes we can". Der gelingt nur, wenn Sie ihn loben. Und wenn Sie ihm lösbare Aufgaben zuteilen. Schenken Sie ihm kein Buch, schenken

Sie ihm einen Zauberwürfel oder ein zehnteiliges Porsche-Puzzle. Je einfacher das Spielgerät, desto größer die Befriedigung. Ersparen Sie ihm Revolten. Je strenger Sie auftreten, desto nachhaltiger wirkt Ihr Lob. Je weniger Gelegenheit zum Trotz, desto ausgeglichener die Beziehung. Männer pubertieren über die Rentenreife hinaus und werden in jedem Lebensalter von kindischen Anwandlungen geplagt. Deshalb erwarten sie Strenge. Der nette Mann will nicht verwöhnt werden. Er will erzogen werden. Er weiß um seine Defizite. Er schämt sich für seine Defizite. Der Verzicht auf Autorität ist genau dann sinnlos, wenn der zu Erziehende gar nicht weiß, wozu er eigentlich erzogen werden soll. Der nette Mann hat kein Ideal von sich selbst.

Verzichte auf Macht und du erhältst Liebe retour – dieser pädagogische Grundirrtum hat viele Männer, heranwachsende wie ältere, orientierungslos werden lassen. Männer wollen an der kurzen Leine geführt werden. Mit Freiheit können sie nicht umgehen. Männer erwarten klare Ansagen. Viele Frauen verweigern sich solchen Direktiven und suchen stattdessen das klärende Gespräch. Das wiederum mögen Männer nicht. Die Folge: trotziges Schweigen auf der männlichen Seite, Unverständnis auf der weiblichen. Mit Macht umzugehen, ist für Frauen noch immer schwierig, weil sie sich ihrer Überlegenheit schämen. Das wiederum verunsichert die Männer, weil sie sich von einer emanzipierten Frau zu Recht eine klare Auskunft darüber erhoffen, was sie in einem Leben zu zweit eigentlich leisten müssen.

18. Wie bringen Sie einen netten Mann zur Vernunft, soll heißen zur Einsicht in die Notwendigkeit selbstständigen Handelns? Indem Sie ihm einen Grundkurs in Logik geben. Logik ist ein sehr kompliziertes Thema zwischen Mann und Frau. Männer, nette wie weniger nette, sind in der Regel

Anhänger der Lehre vom ausgeschlossenen Dritten: Entweder – oder, dazwischen passt bei Männern nicht mal ein Gedankenstrich. Ich liebe dich – ich liebe dich nicht. Können diese einander widersprechenden Sätze gleichzeitig wahr sein? Natürlich! Ich bin ein sehr ängstlicher Mensch – ich kaufe mir eine Karte für „Jigsaw". Widersprüchlich? Keineswegs. Widerspruch entsteht erst dann, wenn er als solcher wahrgenommen wird. Jeder Widerspruch ist etwas Künstliches und keinesfalls Logisches, zumindest im Gefühlsleben. Ich bin ein unabhängiger Mensch und möchte, dass du für mich sorgst. Widersprüchlich? Aus dem Mund einer Frau oder aus dem Mund eines Mannes? Männer wie Frauen wollen zugleich unabhängig und abhängig sein – das ist die Logik der Liebe. Gib mir den Raum der Freiheit, in dem ich zu dir finden kann. Gegenwärtig ist dieser Raum irgendwo in der Zukunft einer kompliziert auszuhandelnden wechselseitigen Autonomie, früher nannte man ihn Zuhause. Geben Sie einem Mann ein Zuhause und er kommt zur Vernunft. Wenn der Mann zur Vernunft kommt, sucht er sich ein Zuhause. Wenn ein Mann vernünftig ist, bleibt er zu Hause. Zumindest sollte er grundsätzlich wissen, welche Richtung er einschlagen muss, wenn er sich beim Gassigehen verirrt.

Wie erziehen Sie einen Mann dauerhaft zur Häuslichkeit? Schaffen Sie ihm eine Umgebung, in der er sich wohlfühlt. Das tun Sie für Ihre Katze, das tun Sie für Ihren Hund, warum nicht für Ihren Partner? Es ist kein Rückschritt in der Emanzipation, wenn Sie als Frau über die Art der Einrichtung entscheiden. Wer andere tun lässt, was andere nicht tun können, handelt unklug. Die wenigsten Männer sind geschickt darin, es sich schön zu machen. Aber sie spüren, ob ein Zuhause wärmt oder verschreckt. Leben zwei Menschen aneinander vorbei oder miteinander – die Wohnung zeigt es. Die Suche nach mobiliarer Harmonie drückt sich in vielen Kleinigkeiten aus, die in der Summe das ergeben, was der neidische Stoßseufzer der Gäste besagt: „Habt's ihr gemütlich!" Das Wort ist in Verruf gekommen, ebenso wie all die Ausstattungsstücke, die damit in Verbindung gebracht werden, vom Perserteppich bis hin zur Ottomane, aber die Sehnsucht nach Gemütlichkeit ist geblieben. Stillen Sie diese Sehnsucht. Einen Mann dauerhaft ans Haus zu gewöhnen, hat für Sie den Vorteil, dass Sie es jederzeit verlassen können. Der häusliche Mann fühlt sich auf der Couch am wohlsten, weil er dort in Ruhe darüber nachdenken kann, was aus seinem Leben hätte werden können.

Das Wohnzimmer und die Küche sind die eigentlichen Laboratorien des männlichen Egos. Entsprechend funktional sollten sie eingerichtet sein. Eine schmale Designerpritsche, auf der zwei übermüdete Spätheimkehrer allenfalls in schräger Konfrontation zueinander sitzen können, um sich mit zuckergeränderten Cocktailkelchen zuzuprosten, ruiniert jede Zweisamkeit. Eine Couch muss ein Schiff der Träume sein, breit und ausladend, auf dem er Kapitän sein darf, auch wenn Sie die Fernbedienung halten. Er darf die Beine hochlegen, die Hände über dem Bauch falten und an die Decke starren, ganz so, als stünden dort seine sehnlichsten Wünsche geschrieben. Im Bett sieht sich der Mann immer Pflichten ausgesetzt, auf der Couch kann er ruhen, sich finden, und warten, bis er in die Küche gerufen wird. Der häusliche Mann sieht gern dabei zu, wie seine Partnerin kocht. Insofern muss die Küche ein schöner Raum sein. Es braucht keine teuren Geräte, aber einen soliden Küchentisch, an dem sich alle partnerschaftlichen Fragen harmonisch erörtern lassen. Warum nicht am Wohnzimmertisch oder am Esstisch? Männer verlieren in der Küche ihren Hang zur Besserwisserei. Der häusliche Mann ist in der Küche der folgsame Mann, sofern Sie ihn richtig ernähren.

19. Warum sollten Sie auf die Ernährung Ihres Partners achten? Weil Sie es bei Ihrer Katze oder Ihrem Hund ganz selbstverständlich auch tun. Wenn Sie einen Mann vorwiegend im Haus halten, sollten Sie Wert auf Leichtverdauliches legen. Sichern Sie eine kontrollierte Kalorienzufuhr und überwachen Sie regelmäßig seinen Proteinspiegel. Zu viel Fleisch macht aggressiv, zu wenig Fleisch launisch. Männer dünsten aus, was sie essen. Schlechtes Essen, schlechte Ausdünstungen. Verzichten Sie auf Alkohol, vielleicht verzichtet er auch. Wenn nicht, trinken Sie in kleinen Schlucken, vielleicht ahmt er Sie nach. Geben Sie ihm nichts zu knabbern, das macht dick. Verstecken Sie die Vitamine in kleinen Fläschchen, das weckt seine kindlichen Instinkte.

Leider funktioniert dieses Modell des kulinarisch koordinierten Zusammenlebens von Mann und Frau selten reibungslos. Der diätisch drangsalierte Mann ist der unruhige, weil sich selbst verdauende Mann. Das Wölfische rumort in ihm. Der hungrige Mann neigt dazu, sich und andere in Unruhe zu versetzen. Geben Sie ihm von Zeit zu Zeit die Lizenz zum Exzess. Nörgeln Sie nicht, wenn er die zweite oder dritte Flasche Bier aufmacht. Er wird es am nächsten Tag ohnehin bereuen. Strafen Sie ihn nicht für seinen heimlichen Gang ins Grillbüdchen, bewundern Sie ihn für die Zuversicht der Verdauung des Unverdaulichen.

20. Wie erziehen Sie den häuslichen Mann zur Unterhaltsamkeit? Der nette Mann ist der langweilige Mann. Dieser Vorwurf richtet sich nicht an ihn, sondern an Sie. Nette Männer haben wenig zu erzählen, denn sie haben wenig erlebt. Wenn sich nette Männer interessant machen wollen, müssen sie entweder das Erlebte dramatisieren oder sich zukünftige Dramen erfinden. Helfen Sie ihm dabei.

Liebe heißt, Phantasien synchronisieren. Das kann auf der Couch geschehen. „Lass uns etwas Verrücktes tun!" Stützen Sie dabei Ihr Kinn in die Handfläche und blicken Sie ihn unverwandt an, bis er unbehaglich mit den Zehen schnippt. Ermuntern Sie ihn, seine Wünsche offen auszusprechen, vielleicht weckt es Wünsche in Ihnen. Der nette Mann ist der verführbare Mann, denn er weiß nicht um seine Abgründe. Finden Sie den Weg zu der verschütteten Sickergrube seiner Lust! Küssen Sie ihn wach. Warum Sie das tun sollten? Weil die Frau zur Fee wird, wenn sie den Frosch zum Prinzen adelt, aber zur Hexe, wenn sie den Prinzen zum Hausmann erniedrigt. Der Glaube an Wunder schafft Gemeinsamkeit. Aus der Gemeinsamkeit erwächst Zärtlichkeit. Die Sie zunächst einseitig nur für ihn empfinden, denn es ist Ihr Geschöpf, das sich da seiner selbst bewusst zu werden beginnt.

Wie bringen Sie den neugeborenen Prinzen dazu, in Ihnen die Prinzessin zu erkennen? Wie machen Sie aus einem schlechten Liebhaber einen guten Liebhaber? Indem Sie ihn zur Zärtlichkeit erziehen. Der nette Mann ist sexuell viel verstörter, als es die Umfragen in Frauenzeitschriften glauben machen. Das Gespräch über diese Verstörtheit ist die intensivste Form des Vorspiels. Kein normaler Mann weiß, was eine Frau wirklich will, geschweige denn, was er selbst will. Zu viele Erwartungen lasten auf ihm. Viele Männer scheuen inzwischen sogar vehement vor dem Akt selbst zurück, weil sie Sexualität in der Öffentlichkeit, sofern sie nicht narzisstisch ausgelebt wird, als eine Form ungewünschter Aufdringlichkeit bloßgestellt sehen. Penetration übersetzt der schüchterne Mann mit Strafstoß. Einvernehmliches Petting ist für ihn die Grenze des Zumutbaren. Als Frau können Sie entscheiden, ob Sie diese Schüchternheit als anregend empfinden oder als unerotisch. Im letzteren Fall sollten Sie sich einen Liebhaber suchen, was der nette Mann Ihnen niemals verübeln wird. Der nette Mann scheut die Konkurrenz nicht, sondern sehnt sie herbei, solange er nicht dem direkten Vergleich ausgesetzt wird. Insofern gewährt das Zusammensein mit netten Männern Frauen den höchsten Freiheitsgrad. Und den höchsten Lustgewinn. Der Verzicht auf Sex in der Beziehung bringt einen ungeheuren Zugewinn an Zärtlichkeit für die Beziehung selbst. Alles wird intensiver, weil nichts mehr nur als Vorspiel dient. Der Mann entspannt sich, weil er nicht immer an das Danach denken muss. Die Couch wird zu dem Ort, wo das Begehren zur Ruhe kommt, weil das Beieinander sich so einvernehmlich leben lässt. Selbst der gänzliche Verzicht auf Geschlechtsverkehr bedeutet ja nicht Verzicht auf Körperkontakt. Zeigen Sie ihm, wo sie berührt werden möchten. Viele Männer sind viel zu gestresst für die Kopulation, aber niemals zu gestresst für ein zärtliches Streicheln oder eine leichte Fußmassage. Oder für ein Gespräch darüber, wie andere ihre Abende verbringen. „Viel leidenschaftlicher vermutlich!" Je fröhlicher Sie über diese Vermutung lachen, desto schöner ist Ihre Beziehung.

21. Lernen Sie rechnen. Wie viel darf ein netter Mann kosten? Gegenfrage: Wie viel wird Sie ein Karrieremann kosten? Und wie stellen Sie eine realistische Kosten-Nutzen-Rechnung auf? Über kurz oder lang werden Sie das tun müssen. In jeder Beziehung kommt es eines schönen Tages zum Streit über Geld. Oder, schlimmer noch, zum stummen Dialog über die wechselseitigen Bringschulden.

Der größte Negativposten in einer Beziehung sind die verschwiegenen Kosten. Der Mann macht Karriere, aber längst nicht so zielstrebig, wie sie es sich erhofft hatte. Die Frau verzichtet ihm zuliebe auf die eigene Karriere, was sie viel mehr kostet als nur Selbstvertrauen, nämlich sehr viel Geld. Warum scheuen sich viele Frauen, solche finanziellen Defizite zu benennen, die eigenen und mehr noch die ihrer Partner? Weil sie sich generell vor Defiziten scheuen. Frauen machen, statistisch gesehen, ungern Schulden. Sie lassen sich schnell einreden, es sei ihr persönliches Versagen, wenn es an Geld mangelt. Sie werten moralisch, was ökonomisch gedacht werden muss. Ein Mangel ist ein Mangel, mehr nicht. Nur, weil es mir an Geld mangelt, bin ich kein schlechter Mensch. Wenn es allerdings dem Partner an Geld mangelt, scheinen Frauen schnell zur Scham bereit. Sie schämen sich für den Mann und seltsamerweise nicht für ihre eigene Entscheidung, aufs Geldverdienen zu verzichten. Und umgekehrt: Selbst sehr reiche Frauen erwarten von einem potenziellen Partner, dass er ebenfalls sehr viel Geld besitzt. Vermeintlich aus Paritätsgründen. Für das Gemeinwohl ist das jedoch ein Unglück, denn die Reichen bleiben unter sich und schüren so den Neid aller. Paartherapeutisch gesehen ist diese Form des ökonomischen Inzests ohnehin eine Katastrophe, denn gleich zu gleich gesellt, ergibt selten Glück. Die Arithmetik der Liebe besagt: Ein reicher Mann und eine arme Frau können sehr glücklich werden. Eine reiche Frau und ein armer Mann können sehr glücklich werden. Ein reicher Mann und eine reiche Frau hingegen können nur verlieren, denn sie haben nichts mehr zu gewinnen. Dennoch gilt diese Paarungsregel derzeit als die vernünftigste.

Charismatische Männer scheinen den meisten Frauen günstig im Unterhalt, weil sie viel Geld verdienen. Ein Delivery Hero, ein Start-up-Starter, ein Wirecard Wizard, all diese Renditejäger brauchen das Geld ihrer Frauen nicht. Aber deren Geduld. Und deren Nerven. Wie viel Zeit verbringen Sie mit dem Mann, der seine Zeit damit verbringt,

Geld zu verdienen? Wie viel ist Ihnen seine Gegenwart wert? Wie berechnen Sie die Stunden ohne ihn. Was kostet verlorene Zweisamkeit? Einsamkeit ist teuer. Erst recht zu zweit. Da trösten auch keine Stillhalteboni und Palliativperlen. Ein netter Mann trägt wenig zum gemeinsamen Unterhaltskonto bei, aber er füllt das gemeinsame Lebenszeitkonto. Sie können Zeit mit ihm verbringen. Nicht immer gemeinsam, aber auch nicht einsam.

Karrieremänner hingegen sind teuer, auch wenn sie die Kosten für den gemeinsamen Unterhalt zur Gänze zu tragen scheinen, denn sie kosten sehr viel Geduld. Und in der Folge auch sehr viel Geld. Ihr Geld. Die Paartherapie kostet, die Schrotkuren kosten, Ayurveda kostet, Yoga kostet, Schönheitsoperationen kosten, all das, was vom Unglück in der Beziehung ablenken soll, kostet. Und die Scheidung kostet. Ihn vielleicht mehr als Sie, aber das macht beide nicht froh. Eine glückliche Beziehung hingegen hält jung und gesund, ohne dass Sie größere Summen in Jugend und Gesundheit investieren müssten. Rechnen Sie den Faktor Gesundheit in Geld um, wenn Sie können! Sie können es nicht. Seelische Wellness ist unbezahlbar.

Aber der reiche Mann bietet Sicherheit, so der übliche Einwand. Reiche Männer bieten Sicherheit, nur solange sie reich sind. Viele Männer bleiben nicht reich, weil sie immer noch reicher werden wollen. Irgendwann werden sie dann unweigerlich verhaltensauffällig oder straffällig oder beides. Wenn die Bankenkrise eins gelehrt hat: Erfolgreiche Männer sind gierig. Gierige Menschen können nicht gut mit Geld umgehen, schon gar nicht mit dem Geld anderer. Zugegeben, nicht alle kriminellen Machenschaften werden entdeckt. Aber Sie, Sie persönlich werden es mitbekommen. Die kleinen Betrügereien wie die großen. Selbst wenn Sie vorsätzlich die Augen davor verschließen wollten, Sie spüren es, dass da etwas nicht mit rechten Dingen zugeht. Hand aufs Herz: Wie viele Skrupel empfinden Sie bei den Geldgeschäften Ihres Mannes? Aus den Skrupeln erwächst irgendwann Scham. Wollen Sie wirklich seine Komplizin sein? Summen Sie ehrlichen Herzens „Stand by your man", wenn Sie ihm seinen Lieblingspyjama ins Untersuchungsgefängnis bringen?

22. Wie kalkulieren Sie die Renditeerwartungen eines netten Mannes? Taxieren Sie den Mann, den Sie lieben wollen, sorgfältig, aber nicht in Hinblick auf sein vorhandenes Vermögen, sondern in Hinblick auf das, was er Ihnen guten Gewissens versprechen kann. Beim Kauf eines Gebrauchtwagens gehen viele Frauen rationaler vor als bei der Partnerwahl, obwohl beides sehr gut zu vergleichen ist. Worauf achten Sie bei einem Auto? Keine größeren Vorschäden, kein gefälschter Tachostand, kein allzu hoher Verbrauch! Der Nutzwert, also die zu erwartende Laufleistung, sollte den Show- und Schaueffekt deutlich übersteigen. Ein Cabrio ist lustig, aber nicht im Winter. Ein Coupé ist nett, aber nicht auf Reisen. Ein Geländewagen imponiert, aber nicht in engen Parkhäusern. Kleinere Lackschäden? Unerheblich, sofern der Preis stimmt. Grelle Farbe – wen kümmert es, wenn er Sie sicher von A nach B bringt? Beim Autokauf versuchen Sie Ihre Emotionen zu kontrollieren – warum nicht auch bei der Partnerwahl?

Wie viel wollen Sie wirklich investieren, an Zeit, an Geld, an Gefühl? Wagen Sie ein nüchternes Kosten-Controlling. Erstellen Sie eine verlässliche Liste seiner Verbrauchswerte. Wie viel Zeit, wie viel Aufmerksamkeit verlangt er von Ihnen? Eine intensive Beziehung ist wunderbar, aber nur, wenn es Sie nicht Ihre Karriere kostet. Wie pfleglich geht er mit seinem Körper um? Mit Ihrer Seele? Wann wird er zu alt für Sie sein? Wann zu ungelenk? Wollen Sie ihn wirklich pflegen, wenn er zum Pflegefall wird?

„Darüber zerbreche ich mir doch jetzt noch nicht den Kopf!" Wann dann? Sich im Vorfeld Gedanken über die Kosten einer Beziehung zu machen, klingt berechnend. Aber nach der Trennung hat alles einen viel höheren Preis als gedacht, insbesondere für Frauen, eben weil sie im Prozess der Paarbildung die Folgekosten eines Scheiterns oft ausblenden. Frauen behaupten gern, sie würden in Beziehungen viel mehr investieren als Männer. Gemeint ist, sie investieren mehr Liebe, mehr Zeit, mehr Geduld, allesamt weiche Währungen – die harten Kosten hingegen werden viel zu selten in Rechnung gestellt. Viele Frauen bedenken nicht, wie viel mehr sie verdienen würden, wenn die Beziehung sie nicht so komplett vereinnahmte. Entgangene Gewinne sind Verluste. Keine spekulativen Verluste – handfeste Verluste. Männer sind für die Karriere einer Frau selten nützlich. Es sei denn, diese Männer legen von sich aus Wert darauf, dass die Frau Karriere macht, weil sie ehrlicherweise ihr mehr zutrauen als sich selbst.

Dieses Paradox ist vielen Frauen nicht bewusst: Der gering beziehungsweise geringer verdienende Mann kann Ihnen auf Dauer mehr Geld und Status einbringen als der vermögende Mann. Weil er zur Selbstständigkeit zwingt. Und Sie emotional immer ein wenig auf Abstand hält. Sie mögen noch so emanzipiert sein, der Gedanke, dass der Mann weniger verdient als Sie, bleibt unangenehm, wenn nicht gar peinlich. Nicht unähnlich dem Größenunterschied: Ein kleiner Mann fühlt sich an der Seite einer großen Frau selten wohl und umgekehrt, eine gut verdienende Frau wird immer Wert darauflegen, dass der Mann für sich selbst aufkommen kann. Tut er das nicht, hat er eine Bringschuld, die er auf andere Weise abarbeiten muss: als Koch, als Hausmann, als Künstler. Außenstehende mögen glauben, Frauen würden in einer solchen Beziehung Geld verlieren. Falsch. Für das Minimum an Mehrkosten gewinnen sie ein Maximum an Selbstbewusstsein. Und sollte der kostenintensive Mann irgendwann doch zu teuer im Unterhalt werden, haben Sie einen guten Grund, ihn zu verlassen. Was ist leichter zu verschmerzen: Wenn Sie Ihr Herz oder Ihr Portemonnaie verlieren?

IV. Lassen Sie Ihren Herzmuskel spielen

Wir drehen uns im Kreis. Alle bisherigen Übungen waren nur Gedankenspiele, die zu nichts geführt haben, weil Ihnen der Mut fehlte, sie zu realisieren. Überdenken wir alles noch einmal neu. Auf die Gefahr hin, uns zu wiederholen. Üben wir das Geübte. Die Liebe ist ein Karussell, sie führt uns immer wieder die gleichen Fragen und Probleme vor Augen.

Was will ein Mann? Alles und nichts. Wenn er sich selbst überlassen bleibt, ist er dementsprechend ratlos. Viele Männer haben keine wirklichen Ziele, deswegen machen sie Dinge, über die Frauen nur staunen können: Bergsteigen beispielsweise, oder Klingonisch lernen. Wenn kein Talent das Tun dirigiert, wie bei Künstlern und Wissenschaftlern, dann sieht es düster aus im Leben des Mannes. Die Zweifel am Sinn seines Seins zermürben ihn. Er glaubt, als Mann nicht mehr gebraucht zu sein, und so starrt er schwermütig dem Rasenroboter hinterher, der nun tut, was er einst tat.

Wie bringen Sie einen Mann dazu, etwas Sinnvolles zu wollen? Indem Sie es ihm sagen! Jeder Mann kann – was Sie von ihm erwarten. In der Forderung liegt die Gabe. Klingt abstrakt, konkretisieren wir die Situation: Sie haben einen netten Mann gesucht und gefunden. Sie leben mit ihm zusammen. Sie lieben ihn. Sie möchten, dass er endlich erwachsen wird. Aber er entwickelt sich nicht weiter. Er liebt den Status quo. Er igelt sich ein, weil Veränderungen ihm Angst machen. „Es ist doch gut so, wie es ist".

Wie bringen Sie einen derart trägen Mann dazu, über seinen eigenen Schatten zu springen? Wie machen Sie Rüdiger zu Romeo, David zu Goliath, Horst zu Herkules? Indem Sie ihm Aufgaben stellen, an denen er über sich hinauswachsen kann.

1. Machen Sie ihn zum Vater!

Viele Männer wollen ein Kind und wissen es nicht. Darüber zu sprechen ist wenig sinnvoll, denn es macht nur Angst. Einen Mann vor vollendete Tatsachen zu stellen heißt: eine Kletterwand vor seinen Augen aufzurichten. Er wird die sportliche Herausforderung annehmen und sein Bestes geben. Einen Mann zu bitten, doch die Möglichkeit in Erwägung zu ziehen, sich ein anders Leben als das jetzige vorstellen zu können, sofern es ihn in seinen eigenen Planungen nicht weiter behindert, heißt: ihn zu verwirren. Er wird alles tun, um die Risiken einer Veränderung riskanter erscheinen zu lassen, als sie es tatsächlich sind. Der Grund dieser Fehlkalkulation – er kann Sie, die Frau an seiner Seite, nicht richtig einschätzen. Denn aus männlicher Sicht widerspricht alles, was in einer Liebesbeziehung geschieht, den Regeln der Vernunft, und zwar vom ersten Date an. Für Männer sind Frauen schon deshalb hochgradig unberechenbar, weil sich ihre Emotionen nicht graduell, sondern explosiv entwickeln. Anfangs wollen Frauen viel zu wenig, dann wollen sie viel zu viel. Der Übergang ist plötzlich und unvorhersehbar. Eisprung gleich Quantensprung. Deshalb zweifeln viele Männer an der weiblichen Vernunft. Zu dieser Unsicherheit gesellt sich die generelle Verunsicherung, den pädagogischen Erwartungen nie wirklich und rechtzeitig genügen zu können. Viele Männer, die eigentlich gern Vater wären, verzichten nur aus Sorge, kein perfekter Vater sein zu können. Diese Männer sind oft die besten Väter, denn sie machen sich Gedanken um ihre Kinder, noch ehe sie geboren sind. Helfen Sie ihm, entscheiden Sie für ihn. Ein netter

Mann ist in der Regel auch ein netter Vater. Ein netter Vater ist besser als ein ehrgeiziger Vater. Oder als ein Vater, der niemals zu Hause ist. Oder als ein Mann, der nicht Vater werden will. Oder als ein perfekter Vater.

Können Sie sich Ihren Partner als Vater vorstellen? Sehr gut sogar? Dann werden Sie schwanger. Ohne ihn um Einwilligung zu fragen? Ohne ihn um Einwilligung zu fragen. Glückliche Zufälle ergeben sich immer wieder und sollten als solche auch nicht hinterfragt werden. Die Reißfestigkeit der verwendeten Kondome ist eine Ermessensfrage der Nutzerin. Das trauen Sie sich nicht? Weil Sie ihn nicht übervorteilen wollen? Weil Ihnen der Mut fehlt? Ohne Ihren Mut wird er für immer mutlos bleiben.

2. Machen Sie ihn stolz!

„Gibt es eine Liebe, die kein Hindernis ist?", fragte Rainer Maria Rilke, ohne je eine Antwort erwartet zu haben. Es liegt in der Natur der Liebe, dass sie zum Hindernis in der persönlichen Entwicklung der Liebenden wird, weil sie sich plötzlich aufeinander abstimmen müssen. Wo einer war, sind nun zwei. Wenn der eine dabei den anderen fortwährend bremst, wird daraus kein Paar. Zumindest kein Paar, das gemeinsam vorankommt. Es sei denn, Sie bremsen ihn. Ein wirkliches Zusammensein entsteht dann, so Rilkes Rat, wenn es gelingt, exakt diese „Weite zwischen sich zu lieben". Sie müssen nicht Hand in Hand über die Ziellinie laufen. Mal tritt der eine zurück, mal der andere, Wechselschritt, nicht Gleichschritt. In der Praxis funktioniert das selten, weil selbst Liebende einander schnell Egoismus unterstellen. Wie können Sie das verhindern? Durch gelegentlichen Rollentausch.

Was empfinden Sie an einem Mann, den Sie lieben wollen, als männlich? Wenn Sie sich darüber nicht im Klaren sind, kann er es noch viel weniger sein. Männlich – weiblich, den Unterschied empfinden Sie als belanglos? Glauben Sie wirklich, ein Mann kann darauf verzichten, seine Männlichkeit unter Beweis zu stellen? Wollen Sie auf Ihre Weiblichkeit verzichten? Anstatt wechselseitig zur Selbstverleugnung aufzufordern, sollten Sie einander lieber wechselseitig in ihrem Ich-Sein bestärken.

Derzeit gehen viele überaus achtsam mit sich selbst um – und vergessen darüber ihr Gegenüber. Aber Liebe heißt: reziprok denken. Was ihn stark macht, macht Sie stolz. Was Sie stark macht, macht ihn stolz. Verhelfen sie einander zu mehr Standfestigkeit. Der Kopf denkt von den Füßen her. Zehn Minuten Fußreflexzonenmassage wirken Wunder. Bitten Sie ihn darum! Sensible Druckstellen machen sich von selbst bemerkbar, soll heißen, Ihr Seufzen dirigiert seine schüchternen Hände. Sein Seufzen Ihre. Kein Liebesbeweis ist verlässlicher als diese stille Zeitspanne wechselseitiger Aufmerksamkeit.

3. Machen Sie ihn eifersüchtig!

Der eifersüchtige Mann ist der nachdenkliche Mann. Jede noch so monotone Monogamie wird leidenschaftlich, wenn ein Dritter ins Spiel kommt. Also bringen Sie die dritte Person bewusst ins Spiel. In den meisten Beziehungen sind ohnehin mehr Personen im Raum, als es die Anwesenden je zugeben würden. Wir leben mit Gespenstern. Der Blick geht zuweilen durch die anwesende Person hindurch und fällt auf einen Menschen der Vorzeit. Das ist keine Untreue. Das ist nur das Gefühl, es hätte auch alles ganz anders kommen können. Zu jedem realen Partner gesellen sich ein oder mehrere imaginäre Partner. Eine verflossene Jugendliebe, eine zufällige Partybekanntschaft, die jahrelange Kollegin, der Verkäufer im Buchhandel. Keine Affäre, dazu ist es nie gekommen, oder sie ist schon lange vorbei, aber eine sehr lebendige Phantasie, auf Sehnsucht gegründet, auf jener Sehnsucht, die sich in der Beziehung nie erfüllt hat. Wie stark ist der Einfluss dieses stillen Teilhabers, dieser stillen Teilhaberin auf das gemeinsame Glück? Wer könnte die Frau sein, die mich ersetzt, wer der Mann? Den Partner auf andere Paarungsvarianten aufmerksam machen heißt, letztlich auf sich selbst aufmerksam zu machen. Das provoziert, aber zwei Menschen, die sich lieben, dürfen einen Dritten begehren, ohne dass sie fürchten müssen, ihr Glück aufs Spiel zu setzen.

Kann man Verlangen nach etwas spüren, das man bereits besitzt? Für viele Paare heißt Paar-Sein immer noch Pflicht zur Paarung, die anfangs Lust war, aber irgendwann Gewohnheit wurde. Denn zum Ideal einer glücklichen Beziehung gehört eine glückliche Sexualität. Aber warum mit dem eigenen Partner? Warum nicht Paarbildung verstehen als die wechselseitige Ermöglichung einer freien Wahl des Sexualpartners. Sex stabilisiert eine Beziehung. Aber diese stabilisierende Wirkung tritt vor allem dann ein, wenn der Sex nicht häuslich zwischen den Partnern praktiziert wird, sondern außer Haus.

„Das könnte ich niemals tun!" Doch! Die Frage ist, ob Sie darüber sprechen wollen. Die Frage ist, wie Sie darüber sprechen wollen. In vielen Beziehungen gilt das insgeheime Übereinkommen, über all das zu schweigen, was sich nicht sagen lässt. Versuchen Sie, ihn dennoch zum Sprechen zu bringen. Machen Sie ihn eifersüchtig. Nehmen Sie sich Zeit für Dinge, die bislang völlig außerhalb Ihres Horizonts lagen. Interessieren Sie sich für Pferde und er wird glauben, Sie seien in einen Jockey verliebt. Begeistern Sie sich für Urban Gardening und er wird den Gärtner verdächtigen. Machen Sie ihn misstrauisch. Misstrauen ist die intensivste Form der Aufmerksamkeit. Ohne Misstrauen keine Liebe.

Wobei das Misstrauen gleichermaßen Ihnen selbst wie dem Partner gelten sollte. Sind Sie wirklich sicher, nur diesen einen Mann lieben zu wollen? Erkunden Sie die Grenzen Ihres eigenen Wollens – indem Sie seine erkunden.

Traut er Ihnen Dinge zu, die Sie sich selbst nie zugetraut hätten? Wenn ja, was? Die Phantasie des Partners ist die beste Geburtshelferin bei der Entdeckung des eigenen Egos. Nichts fördert die persönliche Erfindungsgabe mehr als die kupplerische Eifersucht des Partners. Zuweilen ist er es, der Sie erst auf die Menschen aufmerksam macht, die Sie selbst sich nie in Ihrem Umkreis hätten vorstellen können. Umgekehrt gilt: Geben Sie sich als Frau eifersüchtiger, als Sie sind, und Sie machen mehr aus Ihrem Mann. Menschen trauen sich selten die Menschen zu, die ihnen eigentlich förderlich sind. Männer wagen so gut wie nie, die Frau anzusprechen, die sie wirklich atemberaubend finden, einfach, weil es ihnen die Sprache verschlägt. Machen Sie ihn mutiger und er wird Sie mutiger machen.

Die romantischste Ausdrucksform der Eifersucht ist das Geständnis. Im Geständnis findet jedes Paar wieder zusammen, wenn es denn ein Paar bleiben will. Etwas gestehen wollen heißt, dem Gegenüber etwas anzuvertrauen, was ihm nicht gefallen kann. Dafür dennoch Verständnis zu erwarten, ist Ausdruck der Liebe zum anderen, aber mehr noch zu sich selbst. Man ist es sich wert, dass einem verziehen wird. Erkunden Sie die Grenzen des Sagbaren. Gestehen Sie Dinge, die Sie frei erfunden haben, um zu sehen, ob er verzeiht – und mehr noch, ob er es Ihnen gleichtun kann. Geständnisse sind Gastgeschenke, sie dienen als Aufforderung. Ich gestehe dir etwas, du gestehst mir etwas, dieser Tauschgedanke ermöglicht erst das Wechselspiel des Vertrauens. Für schüchterne Männer sind Geständnisse unterbliebener Taten so gut wie getane Taten – insofern gestehen sie gern, wenn sie dazu ermutigt werden. Die Kunst des Geständnisses umfasst viele Spielarten. Die einfachste: Mehr Fehler zugeben, als man hat – so erscheint man liebenswert. Die verruchteste: Schlimmere Fehler zugeben, als man hat, so erscheint man in einem dämonischeren Licht. Die hinterhältigste: Die Fehler des anderen zugeben – was in langen Beziehungen unweigerlich zur unschönen Gewohnheit wird, weil man sich so gut zu kennen glaubt. Korrigierbar ist dergleichen Besserwisserei nur durch die raffinierteste Form des Geständnisses: die Fehler des anderen als eigene Fehler zu begreifen und als solche auch einzugestehen.

Im Geständnis offenbart sich die Freiheit der Liebenden. Sie können sich alles gestehen und alles verzeihen, denn sie sind eins, für den Moment. Geständnisse erfreuen und verwundern, im besten Fall beides, aber sie sollten nicht zur Gewohnheit werden. Gestehen Sie niemals Unwichtiges, sonst wirkt Ihre innere Not nicht glaubhaft. Erfinden Sie nicht allzu Abwegiges. Erfinden kostet Kraft. Erfundenes zu erinnern, ist mühevoller, als Gefühltes zu gestehen. Wie beim Alibi erfordert ein gutes Geständnis ein Höchstmaß an Realitätssättigung. Überfordern Sie Ihr Gegenüber nicht. Gestehen kostet Kraft. Verzeihen kostet Überwindung. Der Verzeihende muss verzeihen können. Er muss einen Irrtum des Herzens eingestehen, denn wenn er Sie wirklich lieben würde, wie kann er dann überrascht sein von dem, was Sie tun. Liebe heißt, den anderen besser kennen als sich selbst. Ein Geständnis widerruft diesen Liebespakt. „Das hätte ich nie von dir gedacht!" Darauf lässt sich nur antworten: „Ich von mir auch nicht."

4. Bringen Sie ihn zum Schweigen!
Jeder Mensch hat eine schwache Stelle. Selbst Siegfried, der stärkste aller Helden, der schon als Kind in Drachenblut

badete, was ihm eine undurchdringlich schuppige Haut verlieh, hatte diese eine Stelle, die tunlichst nicht verletzt werden sollte. Was tat Kriemhilde, die Frau seines Lebens, der er diese Schwäche gestand? Sie markierte den Schwachpunkt mit einem kleinen Kreuzchen im Gewand, damit der Bösewicht Hagen darin den Speer seiner Häme versenken konnte.

Wenn wir bei einem geliebten Menschen eine Schwäche entdecken, stochern wir darin herum. In der besten Absicht, den Partner dagegen immun zu machen. Wieder und wieder. Denn die Liebe erlaubt, was das Taktgefühl verbietet. Der zärtliche Blick verwandelt sich in den sezierenden. Irgendwann ist es in jeder Beziehung so weit. Der Eisberg der Emotionen dreht sich – wider alle Gesetze der Vernunft. Die Menge des Verdrängten, Verschwiegenen wird plötzlich in seiner ganzen Gewalt spürbar und drängt zur Eruption. Aber wie geben Sie Ihrem Partner liebevoll zu verstehen, dass seine Art, den Joghurt zu löffeln, Sie wahnsinnig macht, weil er diesen langstieligen Löffel als Dirigentenstab seiner Genussfähigkeit senkt und hebt, und senkt und leckt. Ein Lecken, das Sie in den Irrsinn treibt, denn es gilt nicht dem Löffel, schon gar nicht dem Joghurt, sondern dem Lecken um seiner selbst willen, ein Genusslecken, so widerlich intensiv, dass Sie sich in diesem Moment fragen, wie Sie jemals ohne Ekel die Zunge dieses Mannes in Ihrem Mund dulden konnten. Dergleichen Gefühle kennen Sie nicht? Dann kennen Sie andere, ähnliche. Da ist immer etwas, das uns bei anderen abstößt. Schlimmer noch, da ist immer etwas, was uns bei uns selbst abstößt, weil wir denken, es stößt den Partner ab. Anfangs nur sehr selten, weil sich so viel Schönes vordrängt, dann immer häufiger. Sie sehen es an seinem Blick, wenn Sie selbst den Joghurtlöffel heben. Er wendet sich ab. Ihm ekelt vor Ihrem Tun. Noch fehlen ihm die Worte, aber bald, sehr bald wird er Sie mit Vorwürfen überhäufen. Es sind diese Kleinigkeiten, die ganz allmählich den Blick für das Gegenüber verstellen, weil sie alle Aufmerksamkeit okkupieren. Das macht wahnsinnig, denn es beschäftigt uns über Gebühr. Was an mir gibt es zu kritisieren, das ich nicht auch an ihm kritisieren könnte? Wir werden uns umso auffälliger, je weniger wir dem Partner auffallen. Wir drehen und wenden uns misstrauisch vor dem Spiegel. Was an mir gibt Anlass zu so kleinlichen Klagen? Warum wirft er mit Steinen, obwohl er im Glashaus sitzt? Weil er sich selbst infrage stellt. Kleinliches Kritisieren indiziert immer eine Identitätsstörung. Die lässt sich oft einfach beheben, indem sie fühlbar gemacht wird.

Zu den wirkungsvollsten Tricks im Paarungskampf gehört es, den Partner daran zu erinnern, was sich seine Eltern einst von ihm erhofft hatten. Jedes Kind war einmal Prinz oder Prinzessin, oder in der schlimmen Situation, dass sich seine Eltern gar nichts von ihm erwarteten, weil es schon immer unscheinbar war. Wo ist der Mann, der er hatte werden wollen? Gegen alle Widerstände. Gibt es ihn noch, diesen Helden, den er in sich sah, den Künstler, den Könner, den Hochseilartisten des Lebens? Schmerz ist ein Lebenszeichen. Stochern Sie in seiner wunden Stelle und er wird Sie fortan mit kleinlichen Vorwürfen verschonen.

5. Schocken Sie ihn mit Statistiken!

Viele Menschen lesen Statistiken, als würde es sie persönlich nichts angehen. Dabei ist es ihr Leben, das dort in Zahlen verschlüsselt ist. Viele dieser Ziffern sind numerische Fragezeichen. Warum ist die Lebenserwartung der Männer immer noch kürzer als die der Frauen? Warum verzichten so viele Japaner gänzlich auf eine Partnerschaft? Warum eifern ihnen so viele deutsche Männer nach? In den Großstädten ist jeder zweite Haushalt ein Singlehaushalt. Siebzehn Millionen Menschen hierzulande sind einsam. Achtzig Prozent davon sehnen sich nach der großen Liebe, mehr als die Hälfte der Menschen hofft, diese Liebe im Internet zu finden.

Männer ab fünfundsechzig Jahren suchen nach den Schlagworten „blond", „blauäugig", „geschieden", „sportliche Figur", „zehn Jahre jünger". Frauen favorisieren „Akademiker", „braunäugig", „Witwer", „Nichtraucher", „ein bis zwei Jahre jünger". Immer mehr Menschen leben allein, weil sie so divers suchen. Und wenn sie wider Erwarten doch noch die große Liebe finden? Dann hat sich die Liebe in der Regel nach sieben Jahren erschöpft, es sei denn, sie heiraten.

Die durchschnittliche Ehe hält 14,8 Jahre. Männer heiraten mit 33,6 Jahren, Frauen mit 30,9 Jahren. Zweieinhalb Jahre später folgt das erste Kind. Diese ersten zwei Jahre einer Beziehung sind die schönsten. Glücksstoffe fluten in großen Mengen das Hirn. Die Vernunftareale sind weitgehend inaktiv. Nach zwei Jahren reguliert sich die Euphorie, die Glückshormone werden durch Bindungshormone substituiert, das ekstatische Verlangen in der alltäglichen Umarmung erstickt. Wer den hormonellen Tiefpunkt im siebten Jahr übersteht, hat gute Chancen auf den „Millionärs-Club", dem jene Paare angehören, die mehr als fünfzig Jahre ihres Lebens zusammen verbrachten und goldene Hochzeit feiern durften.

Was hält Paare zusammen? Einige Psychologen behaupten, dass dreimal am Tag neunzig Sekunden intensiver Zuwendung für den Partner als Liebesbeweis genügen sollten. Andere sagen, kontinuierliches Berühren sei das Wichtigste und Küsse von daher verbindlicher als Sex. Bis zu hunderttausend Küsse werden im Laufe des Lebens mit dem Partner getauscht, mittlere Dauer zwölf Sekunden. Eine allgemeine Liebesformel, die all diese Faktoren nach Art der Relativitätstheorie in ein simples und stimmiges Gleichgewicht bringt, wurde bislang nicht gefunden. Als schädlich für eine Beziehung sind folgende Verhaltensweisen identifiziert: häufige Kritik am Partner, Respektlosigkeit, Schuldzuweisungen, emotionale Einkapslung – und, wiewohl vielfach unerwähnt, Trunkenheit. Und natürlich Untreue. Bei jeder fünften Trennung ist Untreue der Trennungsgrund. In zweiundfünfzig Prozent der Fälle reicht die Frau die Scheidung ein.

Alle Psychologen sind sich darin einig, dass es die eine gültige Formel für eine dauerhaft harmonische Liebesbeziehung auch in Zukunft nicht geben wird. Weil: Es ist eine Gleichung mit zwei unterbestimmten Variablen, dem Ich und dem Du. Wann daraus ein Wir wird und wie lange dieses Wir sich als Wir begreift, weiß keiner der Beteiligten. Unsicherheit ist der feste Grund, auf dem jede Partnerschaft ihren Stand sucht. So sehr ich einen Menschen auch liebe, ich kann nie wissen, ob er mich auch lebenslang lieben wird. So wie ich nicht weiß, ob ich ihn ewig lieben werde. Treu, lebenslänglich treu, sind die meisten nur sich selbst. Wer all das weiß, handelt danach. Oder auch nicht. Denn statistisch gesehen sind die wenigsten Menschen durch Statistiken zu beeindrucken.

6. Fördern Sie seine Spiritualität!

Was ist ‚die Psyche‘? Wo finde ich sie beim Mann, seine Seele? Manche meinen in seinem Lächeln. Aber ein Mann, der immer nur lächelt, ist ein trostloser Mann, denn sein Repertoire an Ausdrucksweisen ist sehr beschränkt. Die Seele eines Mannes zeigt sich in seinen Augen, meinen viele. Wenn er sehr sanft blicken kann, wird er auch sehr sanft im persönlichen Umgang sein. Aber ein Mann, der sich immer sehr sanft im persönlichen Umgang zeigt, wird auf Dauer ein wenig wattig in der Wirkung. Eher schon zeigt sich die

Seele eines Mannes an den Händen. Je ausdrucksstärker die Persönlichkeit, desto modellierter sind die Hände. Nicht zu weich, nicht zu fleischig, nicht zu schwach und nicht zu schwielig. Schöne Hände sind ein verlässliches Indiz für eine schöne Seele. Vor allem, wenn sie gut massieren.

Die Psyche des Mannes zeigt sich im Habitus, in der Art, wie er sich unwillkürlich gibt. Wie er steht, wenn er sich unbeobachtet glaubt, wie er sitzt, Beine eng oder breit, wie er sich am Kopf kratzt oder anderswo. Wie er geht, ängstlich oder forsch, wie er spricht, wie er sich schnäuzt, mit oder ohne Taschentuch, wie er die Hand reicht. Habitus ist: die Achtsamkeit sich selbst gegenüber. Der allgemeine Pflegezustand. Die Manieren. Sie können einen Mann sauberer machen, adretter, aber Sie können ihm keine Manieren beibringen, wenn er nicht willens ist, sich auch manierlich zu verhalten. Das mag anfangs sogar attraktiv sein, das ungebührliche, wilde, ungezogene Verhalten. Aber je länger Sie mit einem Mann zusammenleben, der keine Manieren hat, desto anstrengender wird das Zusammensein.

Fördern Sie seine Schamhaftigkeit! Finden Sie heraus, wann und wo er Scheu empfindet! Bringen Sie ihn in Situationen, wo Sie glauben, ein Erröten wahrnehmen zu können. Sie werden sich auf der Stelle neu in ihn verlieben. Scham ist ein durch und durch spirituelles Gefühl, denn sie lehrt uns, anders als nur rational zu denken.

Wie erkennen Sie, ob ein Mann psychisch zu kränkeln beginnt, weil er sich Ihren Ansprüchen nicht mehr gewachsen glaubt? Eine schwierige Frage, denn alle Männer kränkeln derzeit. Ein Mann muss sich selbst helfen können. Zumindest muss er sich helfen lassen. Wenn er das nicht tut, wird er Sie mehr Kraft kosten, als er Ihnen geben kann. Eine mittelschwere oder gar schwere Depression lässt sich nicht in einer Beziehung heilen. Versuchen Sie es erst gar nicht.

Die Liebe stirbt, sobald sie zu therapeutischen Zwecken missbraucht wird.

Fördern Sie seine Redseligkeit! Ermuntern Sie ihn, mehr als nur ein, zwei Basislaute über sein Befinden zu artikulieren. Poetisieren Sie ihn. Die Seele ist wie ein Regenbogen an Gefühlen, der unser Ego überspannt. Er muss lernen, sich auszusprechen, in Versen, in Akkorden, in Farben oder in der Gartenpflege. Sie können in einer Beziehung keine Therapiearbeit leisten, aber Sie können sich wechselseitig zum Reden ermuntern. Wobei nur eine Einschränkung gilt: Das Gespräch sollte *in* der Partnerschaft geführt werden, nicht *über* die Partnerschaft. Viele lenken gern von sich selbst ab, indem sie vorschnell das Wir zum Thema machen.

Fördern Sie seine Verantwortungsbereitschaft! Ein Mann muss sich seinen Problemen stellen können. Sehen Sie sich gemeinsam einen alten Western an. „Zwölf Uhr mittags". Alle diese Duelle zeigen letztlich nur eins: Wie ein Mann seinem schlechten Selbst gegenübertritt und es in einem „Shoot-out" zur Strecke bringt. Ein sehr unreifes Vorgehen, denn wir werden das Böse in uns nicht mit Gewalt besiegen. Wir können nur lernen, damit umzugehen. In uns hausen gute und schlechte Dämonen, dafür tragen wir ganz allein die Verantwortung.

„Du bist schuld" ist seit jeher das Selbstbefreiungsmantra der unreifen Männer. Was auch immer schiefläuft, ob sie nun über eine Bierflasche stolpern oder die Karriereleiter hinunterfallen: Andere sind schuld. Mit solchen Männern ist kein Zusammenleben möglich. Ob Erfolg oder Misserfolg dauerhaft zu Begleitern werden, hängt davon ab, wie ein Mann Erfolge oder Misserfolge erträgt.

Stärken Sie ihm den Rücken! Ihr Gewinn dabei? Sie werden zur Künstlerin. Stellen Sie sich vor, Sie seien Camille Claudel oder Niki de Saint Phalle, eine berühmte Bildhauerin also, und Sie sollten sich einen Mann modellieren, frei nach Ihrem Geschmack. Wen würden Sie sich erschaffen? Welche Charakterzüge zeichnen Sie ihm ein? Welchen Geist wünschen Sie ihm, und sich, und welche Gestalt? Hauchen Sie der Figur Leben ein! Geben Sie ihr seinen Namen.

Schicken Sie ihn vor die Tür! Männer brauchen Rituale, das stärkt ihr seelisches Wohlbefinden. Sie brauchen vertraute Orte, wo sich Kraftquellen aufspüren lassen. Das kann die nächstbeste Eckkneipe sein, in der aus Fremden Freunde werden. Das kann der Fußballplatz sein, wo er sich im chorischen Gesang übt, oder der Campingplatz, auf dem er den Feuerzauber am Grill dirigiert. Gehen Sie in den Wald mit ihm, bitten Sie ihn, einen Baum zu umarmen oder wie ein Wolf zu heulen. Er scheut vor dem Tier in sich zurück? Versuchen Sie es mit einem Besuch im Outlet-Center. Gemeinsam sparen kann etwas emotional sehr Aufwühlendes haben. Schnäppchenjagden sind für viele Paare erregender als ein Besuch im Swingerclub. Geiz ist spirituell, denn er führt geradewegs zur Bedürfnislosigkeit im Materiellen.

Er verweigert Kultur, Shopping, Sport, Sex, alles, was das Leben schön und bedeutsam macht? Er will der bleiben, der er ist, ein Langweiler? Dann gehen Sie mit ihm auf den Friedhof. Stellen Sie ihm die Frage aller Fragen: „Was, wenn *ich* nicht mehr wäre?" Beobachten Sie, wie das Selbstmitleid sein Immunsystem flutet. Sein Mund schnappt nach Luft, sein Herz pocht lauter, seine Lippen formulieren den Satz, der mehr einem Geständnis als einem Bekenntnis gleicht: „Ohne dich wäre ich verloren."

7. Nehmen Sie ihn mit auf Reisen!

Nette Männer machen es sich gern gemütlich. Sie neigen zur Bequemlichkeit, ob zu Hause oder in der Fremde. Sie scheuen neue Erfahrungen, weil sie in ihren Gewissheiten nicht erschüttert werden wollen. Argumentativ lässt sich da wenig tun. Bequeme Männer verharren gern in ihrer Bequemlichkeit. Und sie haben gute Argumente, denn: In der Fremde ist es gefährlicher als daheim. Was also könnte dazu verführen, die eigenen vier Wände zu verlassen? Zwang. Sie müssen die Initiative ergreifen. Sie müssen das Fahrziel aussuchen. Sie müssen die Reise buchen. Sie müssen ihn in Bewegung setzen, denn von sich aus wird ein bequemer Mann niemals seine Couch verlassen. Oder sein Wohnmobil. Oder seine Kreuzfahrtschiffskabine. Öffnen Sie die Tür seines Gefängnisses, das er niemals als solches empfinden würde, und achten Sie darauf, dass er es sich nicht gleich wieder anderswo bequem macht, sei es im Ferienhaus, im Campingpark oder in „Inges Bierstübchen".

Wie ein Mensch sich in der Fremde verhält, zeigt, wie er sich als Mensch verhält. Will er einheimischer sein als jeder Einheimische oder trumpft er fortwährend besserwisserisch auf? Reist er im Kokon seiner alten Gewohnheiten oder probiert er Neues, selbst wenn es sich „Full English Breakfast" nennt. Spricht er die Sprache der anderen oder zwingt er die anderen, seine Sprache zu sprechen? Macht er nur Fotos oder sieht er auch hin? Hat er Fragen an das Land oder nur Fragen an Sie, weil Sie ihn dorthin gebracht haben? Hat er ein Taschenmesser dabei, um die Weinflasche am Strand zu entkorken? Bleibt er lieber am Pool? Hat er mit Ihnen in den Nachthimmel geblickt und die Sterne gezählt? Oder den Sand zwischen den Fingern zerrinnen lassen, während die Zehen zärtlich mit den Wellen spielten? Gibt es da irgendetwas, was Sie in der Fremde an ihm lieben lernten?

8. Lassen Sie ihn über seinen Schatten springen!

Es gibt eine Reihe kleiner Übungen, die aus jedem langweiligen Mann einen weniger langweiligen Mann machen.

Die langweiligste Eigenschaft des langweiligen Mannes ist sein Hang zur Besserwisserei. Es gibt Männer, die den Teufel höchstpersönlich belehren würden, dass die Heizkosten in der Hölle unverhältnismäßig hoch sind. Womit sie prinzipiell recht haben. Aber eine Hölle ist kein Sanarium. Recht haben und im Recht sein sind zweierlei Dinge.

Wie verhindern Sie, dass ein Mann Ihnen fortwährend Gott und die Welt erklären will? Manche Frauen behelfen sich damit, dass sie ihn erst gar nicht zu Wort kommen lassen. Oder nicht hinhören. Oder ihn selbst belehren wollen, was bei Männern immer Unmutsreaktionen auslöst. Männer wollen nicht belehrt werden. Sie sind von Natur aus verpflichtet, auf jeden Belehrungsversuch mit den immer gleichen Worten zu reagieren: „Das weiß ich besser!"

Über seinen eigenen Schatten zu springen hingegen heißt, Dinge zu tun, die niemals im Horizont des eigenen Wollens lagen. „Habe ich ihr jemals Frühstück ans Bett gebracht?" Kein normaler Mann wird sich diese Frage je stellen. Sie selbst dürfen ihm diese Frage nie stellen, weil sie sonst als Vorwurf verstanden werden könnte. Sie können ihm erzählen, dass Ihr Kollege Hans-Dieter seiner Freundin Petra anlässlich ihres fünfundvierzigsten Geburtstags das Frühstück ans Bett brachte, was ihn vermutlich zu der Feststellung veranlasst: „Hans-Dieter mochte ich noch nie." Oder, noch feinsinniger: „Das krümelt doch." Sie können ein Frühstücksbrett anschaffen und es wie zufällig auf dem Küchentisch liegen lassen, bis er es wegräumt, weil er außerhalb des Hobbyraums keine Verwendung dafür sieht. Sie können sonntags auch einfach im Bett liegen bleiben, nur dürfen Sie sich nicht wundern, wenn er Sie bis Montag dort liegen lässt. Im Alltag das ganz andere zu tun, ist nicht einfach. Kein Mensch kann dazu verpflichtet werden, aus sich herauszugehen, denn, warnt die gehäusetragende Landschnecke, das ist immer mit Gefahr verbunden. Eine Verhaltensänderung gilt schnell als Verhaltensauffälligkeit.

„Sei doch mal netter zu mir" ist einer dieser Sätze, die Männer frösteln machen, weil er die gefühlte Raumtemperatur sofort unter den Gefrierpunkt absenkt, obwohl sie doch eigentlich auf klimafreundliche 19,5 Grad eingestellt war. „Sei doch mal netter, lieber, aufmerksamer, anders!" Kein Mann kann sich darunter konkret etwas vorstellen, weil er sich immer schon nett, lieb und aufmerksam glaubt. „Aber ich bin doch … Ich kann doch nicht … was will sie denn noch?" Diese unausgesprochene Klage-Frage-Kaskade wird sein Handeln nachhaltig blockieren und ihn auf verkniffene Weise bockig werden lassen. Vielleicht bringt er Ihnen Blumen mit oder kauft Kinokarten für einen Film, von dem er vermutet, dass Sie ihn gern sehen würden. Aber keine dieser Handlungen wird eine sein, über die er selbst Freude empfindet. Er fühlt nicht, was er tut. Das ist das Grundproblem des netten Mannes. Wenn Sie den netten Mann nachhaltig optimieren wollen, bringt es nichts, wenn er immer noch netter zu Ihnen ist. Sie müssen ihn dazu bringen, netter zu sich selbst zu sein. Der normale Mann pflegt einen viel zu lieblosen Umgang mit sich selbst. Er hat wenig Aufmerksamkeit für Sie, weil er wenig Aufmerksamkeit für sich selbst erübrigt. Er denkt wenig romantisch über das Leben, weil das Leben so wenig romantisch über ihn denkt. Der normale Mann scheint sich ganz aufs Funktionieren verlassen zu wollen, weil das Funktionieren allein ihm die Gewissheit verschafft, normal zu sein. Er möchte nicht über seinen Schatten springen, weil er nicht weiß, wohin er da springt. Weil er es gar nicht wissen will. Weil dieser Sprung gar nicht gelingen kann. Weil er niemals weit genug springen wird. Weil ohnehin kein Mensch, wie jedes Kind weiß, über seinen eigenen Schatten zu springen vermag. Es sei denn, sie nehmen ihn an die Hand.

9. Stimulieren Sie seinen Möglichkeitssinn!

Wecken Sie die Träume der Kindheit in ihm. Malen Sie mit der Taschenlampe Polarlichter an die Schlafzimmerdecke, die ihn zum Nordpol führen. Setzen Sie ihn in die Badewanne, drücken Sie ihm eine Mütze aus Schaum auf den Kopf und die Haarbürste als Mikrofon in die Hand. Wohin soll die Reise gehen, Kapitän? Nirgendwo kann ein Mann mehr bei sich selbst sein als in der Badewanne. Weil er untertauchen kann und wiederauftauchen. Weil er sich daran erinnern wird, wie es war, als er das erste Mal ins heiße Wasser stieg und langsam mit dem ganzen Körper einsank in die Tiefen des Unbewussten. Wie es zu plätschern begann und hoher Wellengang einsetzte, weil das Ungeheuer wieder aus der Tiefe emporstieg, prustend, algenverhangen, und das Wasser wild überschwappte im Sturm rund um Kap Hoorn. Und wenn Sie zu schimpfen beginnen über das wilde Planschen, wird er Sie einfach mit in die Wanne ziehen.

Das Geheimnis der Liebe besteht darin, den mutlosen Mann zum Bewusstsein seiner Einzigartigkeit zu bringen, auf dass er Dinge tut, die völlig verrückt sind: Liebesspiele in der Badewanne beispielsweise. Das hat vor ihm bestimmt noch kein anderer Mann gewagt, glaubt er, einen kleinen glücklichen Moment lang, bevor er Ihren erinnerungsseligen Blick sieht.

Gehen Sie mit ihm ins Ballett, und er wird begreifen, wie leicht es ist, über den eigenen Schatten zu schweben, wenn die Sehnsucht der Schwerkraft ihre Grenzen aufzeigt. Gehen Sie mit ihm in die Kirche, nachdem der Gottesdienst zu Ende ist, und lauschen Sie darauf, ob er ein wenig tiefer atmet, so als kehrte der Kinderglaube in sein Herz zurück. Gehen Sie mit ihm in den botanischen Garten. Er wird es langweilig finden, oder auch nicht, denn Männer lieben Kakteen, weil sie wie mächtige Genitale wirken, und Seerosenteiche, in denen Frösche im Dutzend chorisch für die Prinzessin quaken. Und vielleicht findet sich dort auch ein Kinderspielplatz, und er wird sich als Erstes auf die Wippe setzen, denn nichts ist schöner, als sich mit beiden Beinen von der Erde aufzuschwingen, wenn das Gegenüber einen im Abschwung gleich darauf wieder festen Boden unter den Füssen spüren lässt. Trauen Sie ihm Gefühle zu, die er nicht zu haben glaubte, und er wird sie Ihnen zeigen wollen.

10. Lassen Sie ihn allein!

Zunächst stundenweise, dann tageweise. Einsamkeit ist die größte Herausforderung für einen unselbstständigen Mann. Entweder wächst er daran oder er scheitert. Schenken Sie ihm Zeit für sich selbst. Er wird zunächst wenig damit anfangen können und Untreue ihrerseits vermuten.

Trennen Sie die Betten. Das geht selbst in der kleinsten Wohnung. Ziehen Sie gedanklich eine Schallschutzwand ein. Würden Sie ruhiger schlafen, wenn Sie seinen Atem nicht hören? Würden Sie früher oder später schlafen gehen als er? Setzen Sie Ihren Schlafrhythmus durch. Stellen Sie ihn zumindest zur Diskussion. Noch besser: Ziehen Sie erst gar nicht zusammen: „Living apart together." Sie werden sehr viel ruhiger schlafen. Die häufigste Ursache weiblicher Schlafstörungen ist der Partner.

Zusammenleben bedeutet immer, sich wechselseitig einzuschränken. Prüfen Sie die Raumforderungen Ihres Partners nicht erst, wenn es zu spät ist. Lernen Sie, territoriale Anmaßungen frühzeitig wahrzunehmen und in Quadratmetern auszudrücken. Werfen Sie einen Blick in die Wohnungen Ihrer Freunde und Bekannten. Was in diesen Wohnungen gehört dem Mann, was der Frau, was gehört beiden. Woran erkennen Sie, ob ein Einrichtungsgegenstand gemeinsam gewollt, gesucht und gefunden wurde oder ob allein sein Wille entschieden hat? Die Emanzipation des Mannes macht meist halt an den Türen der Einrichtungshäuser – wofür er sich rächt, indem er die verbliebenen Freiräume mit all den Dingen füllt, die er unmöglich wegwerfen konnte, Müll meist. Die wenigsten Wohnungen spiegeln ein harmonisches, soll heißen gemeinsames Raumempfinden. Meist dominiert der ein oder der andere Geschmack, schlimmstenfalls gar keiner, wie im Flur, im Bad oder in der Küche, die als neutrale Räume gelten, es letztlich aber nicht bleiben. Seien Sie ehrlich: Sie fühlen sich eingeengt, geschmacklich bedrängt, drangsaliert von Gegenständen, die Sie nicht um sich haben wollen? Ihm wird es ähnlich gehen, aber er sieht weniger Handlungsbedarf, weil sein Sinn für Bequemlichkeit Veränderungen stets als riskantes Tun begreift oder gar als respektloses gegenüber der Haltbarkeit all dessen, was sich in den Jahren ansammelte. Fordern Sie ihn auf, sich von all dem zu trennen, was Ihnen nicht gefällt. Beginnt er zu verhandeln? Verweigert er sich? Überrascht er Sie mit der radikalen Forderung: „Lass uns endlich den ganzen Sperrmüll entsorgen!"

Die Raumforderung eines Menschen ist eine exakt zu definierende Größe, die stets in Quadratmetern ausgedrückt werden sollte und niemals nur in Zugeständnissen der unverbindlichen Art: „Wir sind hier doch beide zu Hause."

Zeigen Sie ihm die Grenzen des Zusammenseins auf und er wird sie immer wieder überschreiten wollen. Schicken Sie ihn vor die Tür und messen Sie die Zeit, die er sich für seine Rückkehr lässt. Je dringlicher Sie ihn darauf hinweisen, dass Sie Zeit für sich selbst brauchen, desto peinlicher wird er darauf achten, Sie nicht allzu lang allein zu lassen.

Sie beharren: Zwei sind einer zu viel in diesen Räumen. Er will nicht weichen? Dann gehen Sie. Lassen Sie ihn allein in der Wohnung. Für einige Tage, für wenige Wochen. Wie sieht die Wohnung danach aus? Wie sieht der Mann danach aus? Kann er mit Einsamkeit umgehen? Lernt er es, mit Einsamkeit umzugehen, oder verwahrlost er ungehemmt. Bekräftigen Sie Ihre Forderung nach gelegentlicher räumlicher Trennung. Lassen Sie es sich zur Gewohnheit werden, Ihre eigenen Freiräume abzuschirmen. Ihr Zeitkonto ist nicht sein Zeitkonto. Gehen Sie auf Distanz, wann immer es geht. Liebe ist kein Gefühl, das sich aus dem Nichts schöpfen ließe. Liebe ist Praxis, Praxis braucht einen Raum, in dem sich Zusammensein üben lässt. Wenn der Raum zu eng ist, muss einer von beiden weichen.

Sie wollen nicht weichen? Sie wollen nicht, dass er auf Dauer geht. Sie wollen ihn nur aufmerksamer zurück, mit geschärften Sinnen für den beidseitigen Freiheitsdrang. Dann setzen Sie ihn vor die Tür mit der Mahnung, pünktlich wieder zurückzukehren. Männer, die es wert sind, lieben Stundenpläne. Weil in jedem normalen Mann ein Streber steckt, der alles richtig machen will. Wenn er Ihr Wollen ahnt, wird er ein wenig unpünktlich sein. Denn zähmen lässt er sich nicht. Aber er wird Sie sein existenzielles Frösteln spüren lassen. Er wird sich bessern wollen, in allem. Denn Alleinsein erträgt er nur im Zusammensein mit Ihnen. Was er als Glück zu begreifen gelernt hat. Einsamkeit verbindet.

11. Lassen Sie ihn ausreden!

„Du lässt mich nie ausreden!" Dieser Vorwurf gehört zu den angeborenen verbalen Reflexen bei Frauen wie bei Männern. Tun Sie es! Lassen Sie ihn ausreden. Geben Sie seiner verbalen Raumforderung nach und notieren Sie, was folgt. Männer reden sich um Kopf und Kragen, wenn ihnen die Gelegenheit dazu gegeben wird. Schenken Sie währenddessen sein Glas immer wieder voll, bevorzugt mit Rotwein. Dann kommt zum Geständniswillen noch die sentimentale Grunderweichung und alle Dämme brechen. Männer glauben gern, alles schon erlebt zu haben, und sind, im angetrunkenen Zustand, stolz auf ihre Verruchtheit. Die Selbstentblößung im Geständnis ist die männliche Form des Tabledance. Prostituierte wissen, wie gern Männer reden, wenn man sie nur ausreden lässt. Ihre Sorgen ernst nehmen. Zuwendung zeigen. Schon öffnen sich alle Schleusen.

Worüber reden Männer, wenn sie sich warmreden? Über Gott und die Welt. Und über Beziehungen. Dirigieren Sie ihn sacht: Er soll von Liebe reden! Lassen Sie sich von ihm erklären, was eine gute Beziehung ist. Er wird viele Zweifel äußern, an der Liebe im Allgemeinen, an den Frauen im Besonderen, und an sich selbst, denn er weiß, er ist schwierig, und es ist nicht einfach, mit ihm auszukommen, und so wird er reden und reden, und sich selbst ein wenig unheimlich werden, bis er schließlich in die Romeo-Falle tappt und gesteht, dass er eigentlich nur eins will und schon immer gewollt hat: die große, die ganz große Liebe. Wo es keine Worte braucht. Wo eine Berührung schon alles sagt, auch das Ungesagte. Nein, nein, widerspricht er mit großspurigen Gesten Ihrem zweifelnden Zwinkern, er weiß, dass es das gibt, denn es gab da eine Frau, eine Frau, die ihn wirklich verstanden hat, und Sie werden sich hüten zu unterstellen, das sei seine Mutter gewesen. Nein, eine Freundin gab es, damals, die Freundin des besten Freundes, oder die Freundin der besten Freundin, unerreichbar jedenfalls, jedoch absolut begehrenswert, für ihn und leider auch für andere. Aber in diesem einen kurzen Moment des Zusammenseins mit ihr, auf der Sommerwiese, an der Bar, im Sessellift, wo auch immer, blitzte auf, was an Horizonterleuchtung durch die wahre Liebe möglich gewesen wäre. Aber die Sonne scheint immer nur für die anderen, und die Decke des Glücks ist stets zu kurz, und überhaupt. Reichen Sie ihm ein

Taschentuch, oder besser noch, lassen Sie es stecken, denn in solchen Momenten verstehen Männer keinen Humor. Schweigen Sie mitfühlend. Sie wissen, was er weiß. Er weiß, was wenige offen sagen, aber viele empfinden: Die Liebe ist ein seltsames Spiel.

Jeder Mann kann eine unglückliche Liebesgeschichte erzählen, die eigentlich gar keine Geschichte ist, denn zur wirklichen Kristallisation der Gefühle kam es nie, was ihn noch unglücklicher macht, als er ohnehin schon ist, aber darüber möchte er nicht wirklich reden, über das, was nie war und nie sein wird. Schenken Sie ihm nach und er wird darüber reden, über all das, was nie war, aber hätte sein können, in seiner Vorstellung, und Sie werden erstaunt sein, dass es wirklich nichts weiter ist als eine unglückliche Liebesgeschichte, deren einziges Unglück darin besteht, dass sie nie gelebt wurde. Aber den Vorwurf müssen Sie ihm nicht machen, den macht er sich schon selbst, lebenslänglich. Denn es war seine Liebesgeschichte, sein unerfüllter Traum vom Glück, als er noch jung war und leichtgläubig, und hoffnungsfroh, und nicht so altklug, in allem den Kompromiss zu akzeptieren, schon gar nicht in Liebesdingen. Und dann wird er Sie ansehen. Schuldbewusst. Den Kopf in Ihrem Schoß verbergen wollen. Er weiß, er hat sich um Kopf und Kragen geredet.

Nutzen Sie die Chance! Fragen Sie, ob da noch etwas geblieben ist von der großen Sehnsucht? Aber er wird nicht antworten wollen. Sein Traum vom Glück ist und bleibt die Frau, die immer schon weiß, was er will. Bitten Sie ihn um eine ehrliche Auskunft, wie es weitergehen soll mit Ihnen beiden. Oder zumindest um eine gute Erklärung, warum er Ihnen diese Auskunft nicht geben will. Er wird in Tränen ausbrechen. Männer brechen nicht selten in Tränen aus, wenn das Selbstmitleid sie überwältigt. Nehmen Sie seine

Hand. Trösten Sie ihn. Nehmen Sie ihn in den Arm. Vielleicht gewinnen Sie beide auf diesem Weg die Intimität zurück, die Sie im alltäglichen Zusammensein längst verloren haben. Am nächsten Tag wird er sich an nichts mehr erinnern wollen. Vermutlich wird er nicht einmal den Mut aufbringen, nachzufragen, was er denn alles erzählt hat. Stattdessen wird er aus einem Reflex des schlechten Gewissens heraus bitten, mehr von Ihnen erfahren zu dürfen. Tun Sie ihm den Gefallen. Erzählen Sie von sich. Er wird Sie ausreden lassen.

12. Erziehen Sie ihn zum Zuhören!

Stillhalten in der Erwartung, gleich selbst reden zu dürfen, ist kein Zuhören. Männer reden zu viel und denken zu wenig, eben weil sie nicht zuhören können. Der Beweis: Alle wesentlichen philosophischen Fragen dieser Welt sind ungeklärt. Wer wir sind, woher wir kommen, wohin wir gehen – wir wissen es nicht. Fazit: Nicht alle Probleme dieser Welt lassen sich lösen. Erst recht nicht in Beziehungen. Dem Paartherapeuten John Gottmann zufolge sind siebzig Prozent aller Probleme in einer Beziehung unlösbar. Welche Probleme das sein sollen, ist strittig. Selten scheitert eine Beziehung an den wirklich wichtigen Fragen des Lebens, sei es die Existenz eines allverzeihenden Gottes, die Klimakatastrophe oder die Unfreiheit des Willens. Es sind paarinterne Streitpunkte, die für schlechte Laune sorgen: „Du verstehst mich nicht!"

Das Gefühl, unverstanden zu sein, ist eine Konsequenz schlechter Gesprächsführung. Sie müssen ihm verständlich machen, dass ein Dialog mehr ist als die Abfolge zweier Monologe. Formulieren Sie Kommunikationsregeln, aber so, dass er sie auch begreift. Jedes Gespräch schafft eine doppelte Wirklichkeit – die des Gesagten und die des Gemeinten. Das ist niemals deckungsgleich, schon gar nicht in einer Beziehung. Das Gesagte ist meist klar, aber das Gemeinte bleibt unklar, so der Gesangstherapeut Roger Cicero: „Ich verstehe, was du sagst, aber nicht, was du meinst!" Bestes Beispiel: „Du hörst mir nicht zu!" Der Satz will sagen: „Natürlich weiß ich, dass du zuhörst. Aber du fühlst nicht, was ich sagen will."

Mitfühlen und Mitdenken sind zweierlei Prozesse. Das ist schwer zu begreifen. Männer gefallen sich darin, problemorientiert zu denken und nicht paarorientiert. Die Liebe hingegen fordert, eine gemeinsame Paarintelligenz auszubilden. Die letztlich darin besteht, die Fährtensuche nach den Fettnäpfchen der Besserwisserei aufzugeben und einfach zuzuhören, anstatt sofort mit Lösungsvorschlägen aufzutrumpfen.

Weisen Sie Ihren Partner auf andere Männer hin, die auch zu viel reden. Die meisten Männer finden die meisten anderen Männer im Gespräch zu dominant, zu wichtigtuerisch, zu belehrend. Es dauert eine Weile, bis sie begreifen, dass sie selbst auch nur ein Mann wie alle anderen sind.

Warum reden Männer in Gegenwart einer Frau entweder viel zu viel oder viel zu wenig? Weil sie unbeholfen sind. Jeder normale Mann wird in Gegenwart einer Frau verlegen. Jeder normale Mann wird in Gegenwart einer gut aussehenden Frau sehr verlegen. Die meisten normalen Männer finden die meisten normalen Frauen sehr gut aussehend. Das hat nichts mit Äußerlichkeiten zu tun, sondern mit dem Bedürfnis, im Gegenüber das Gute zu sehen. Viele Männer sind derzeit kommunikativ verunsichert. Sie wollen witziger, klüger, charmanter, einfühlsamer erscheinen, als sie es tatsächlich sind, dem eigenen Dafürhalten nach, das tatsächlich ein realistisches ist. Es gibt nicht so viele kluge, charmante, witzige, einfühlsame Männer. Das ist auch nicht wichtig beim Zuhören. Wichtig beim Zuhören ist nur das Zuhören.

Wie bringen Sie einen Mann dazu, beim Zuhören auch wirklich zu schweigen? Wiederholen Sie sich in allem, was Sie sagen. Wahrheiten werden von vielen Männern erst als solche empfunden, wenn sie oft genug wiederholt werden. „Du hörst mir nie zu!" Diesen Satz wird er erst begreifen, wenn er nicht mehr widerspricht. Es ist eine Art Liebesprobe: Hält er mich aus in allem, was ich fühle und sage? Darf ich fühlen und sagen, was ich will? Erproben Sie ihn. Verlocken Sie ihn zum Streit. Der Streit, nicht das Gespräch, ist das erfolgversprechendste Mittel, den Charakter eines Mannes zu härten. Will er den Streit selbst um den Preis seiner Demütigung vermeiden oder erträgt er es, wenn Sie ihn zur Rede stellen? Kann er stillhalten? Muss er nach jedem Wort widersprechen, richtigstellen, kommentieren? Wird er laut? Manche Männer stumpfen im Streit ab, manche wachsen über sich hinaus und einige wenige verstehen, dass sich ein Herz nur im Wechselbad der Gefühle immer aufs Neue erfrischen kann.

13. Verlangen Sie die Scheidung!

Nur, um zu testen, wie er reagiert. Er wird zu Recht darauf hinweisen, dass Sie noch gar nicht verheiratet sind. Das tut nichts zur Sache, werden Sie entgegnen, denn es geht ums Prinzip. Es geht darum, wie er auf diese Forderung reagiert. Und vor allem, wie Sie selbst darauf reagieren. Können Sie sich eine Scheidung leisten – finanziell? Haben Sie ausreichend vorgesorgt? Hat er vorgesorgt? Für Sie oder nur für sich? Die Trennungsschmerzen schwinden irgendwann, die Geldsorgen nicht.

Scheidungen sind teuer. Präsentieren Sie ihm die Kosten des Zusammenseins. Nicht erst nach zehn, zwanzig oder dreißig Jahren, sondern direkt zu Beginn der Beziehung. Kalkulieren Sie sehr genau, was diese Beziehung Sie ganz persönlich kosten wird, und wie sich diese Einbußen gerecht ausgleichen lassen, sonst zahlen Sie am Ende drauf. Eine Beziehung ist vom ersten Tag an eine Rechenaufgabe. Fordern Sie ihn auf mitzurechnen. Wer investiert mehr Zeit, wer investiert mehr Geld, wie lässt sich eine Balance herstellen, in der beide Faktoren angemessen berücksichtigt werden, und zwar in Euro, nicht in netten Worten. Verweigern Sie den emotionalen Lastenausgleich in Gestalt von Vertrauensvorschüssen oder Loyalitätsversprechen jeglicher Art. Ihr Misstrauen gilt nicht ihm, sondern der menschlichen Natur, insofern müssen Sie sich auch nicht dafür schämen. Sprechen Sie Ihre Forderungen klar und deutlich aus! Schalten Sie das Handymikrofon vorher an. Stillschweigende Übereinkommen sind die kostenintensivsten, denn die wenigsten Männer können sich später daran erinnern.

Je euphorischer eine Liebe, desto größer sind die Versprechungen. Aber die Euphorie schwindet – und die Zahlungsmoral auch. In Liebesbeziehungen gilt kein Versprechen lebenslang, schon gar kein finanzielles. Der tröstende Satz „Ich werde immer für dich sorgen" richtet sich nach der Trennung oft nicht einmal mehr nach dem Existenzminimum. Männer versprechen viel und vergessen schnell. Erst recht, wenn die neue Partnerin den Rotstift ansetzt.

Stellen Sie von Anfang an klar, dass Sie es gar nicht so weit kommen lassen werden. Schließen Sie einen Vertrag. Wie wird der Karriereverzicht wechselseitig kompensiert? Wie werden die Mehrkosten aufgeschlüsselt und verteilt, wenn beide Seiten keine Zeit für den Haushalt aufbringen können? Wie werden die Kinderzeiten berechnet, wenn denn Kinder geplant sind? Wie sind die Gesamtkosten für Karriererückschritte durch solche Ausfallzeiten zu veranschlagen? Wann kommt der Vorwurf: „Ach, bist du unromantisch" – und was wird er Sie kosten?

Entweder gibt es eine vertragliche Regelung im Detail, oder Sie werden für Ihr blindes Vertrauen gestraft werden. Machen Sie ihm Ihre Entschiedenheit in dieser Sache unmissverständlich klar. Wie reagiert er auf Ihre Unnachgiebigkeit? Hält er Sie für egoistisch? Oder zeigt er sich vertragsreif? Ein Mann, der Sie als Vertragspartnerin nicht ernst nimmt, wird Sie über kurz oder lang auch als Mensch nicht respektieren.

Sie wollen ihn nicht durch Maximalforderungen verschrecken, nicht durch die Drohung des Abschieds einschüchtern? Paartherapeuten in aller Welt öffnen die Türen ihrer Praxen sehr, sehr weit, um zerstrittene Paare zu empfangen und unglückliche Paare zu entlassen. Denn noch nie ist es einem Therapeuten gelungen, ein Paar, welches sich nicht respektiert, als liebendes Paar wieder zu vereinen. Als Ehepaar – möglich. Als Sexualpartnerschaft – machbar. Als Liebespaar – undenkbar. Die Liebe als Gefühl ist unmittelbar wahrnehmbar in dem Respekt, den beide sich entgegenbringen. Fehlt es an Respekt, fehlt es auch an Liebe, und vor allem an dem Willen, die Leistungen des anderen angemessen zu honorieren. Die Liebe ist nur dann ein hochverzinsliches Wertpapier, wenn es von beiden als solches gegengezeichnet wird.

V. Gehen Sie,
bevor er geht

Jeder Mann, er mag noch so nett sein, ist auf Dauer eine Bedrohung für das Glück der Frau. Also scheuen Sie nicht davor zurück, ihn rechtzeitig zu verabschieden. Jeder Mann hat ein Haltbarkeitsdatum. Das muss nicht identisch sein mit dem Verbrauchsdatum.

Wie erkennen Sie, wann ein Mann zum Problem wird? Wenn er zu lügen beginnt. Männer neigen von Natur aus zur Schönfärberei. Ihrer Vaterschaft können sie sich nie sicher sein, fortwährend stehen sie in Konkurrenz zu anderen Männern, die ihren Selbstwert ebenfalls nur über ihre Konkurrenten beziehen. Ein Mann muss sich ständig etwas vormachen. Er muss sich aufspielen, um wahrgenommen zu werden, bis er irgendwann, meist in den Wechseljahren, ernüchtert feststellt, dass er nur einer unter vielen ist. Die Folge: Der müde Mann mutiert zum enttäuschten Mann. Der enttäuschte Mann hat es nicht vermocht, im Leben auf sich aufmerksam zu machen, und sucht nach Schuldigen. Die Hauptschuldige ist stets die Frau an seiner Seite. Also beginnt er, ihr Vorwürfe zu machen.

Der Problemmann ist der redselige Mann, der stets eine Entschuldigung parat hat. Der Problemmann ist der immobile Mann, der sich vor Veränderungen fürchtet. Der Problemmann ist der Besserwisser, der über all die Unbelehrbaren schimpft. Der Zivilisationsflüchtling, der sich von heute auf morgen in die Wälder aufmacht, oder in die Berge, oder in die Wüste, weil er nur dort wirklich Mann sein kann. Der Problemmann ist der esoterische Mann, der seine weiche Seite entdeckt, weil seine harte Seite nicht hart genug war.

Der unschlüssige Mann, der sein Zaudern als Reflexionsstärke ausgibt. Der nörglige Mann, der seine innere Unruhe sachlich nicht mehr zu bezwingen vermag. Der süchtige Mann, der sich durch die Sucht von sich selbst ablenken muss. Der Problemmann ist ein Problem genau dann, wenn er anfängt, Ihnen zu schaden. Je punktgenauer Sie diesen Zeitpunkt feststellen können, desto weniger Unheil kann er anrichten.

Leider übersehen viele Frauen die Vorzeichen einer bevorstehenden Trennung, so augenscheinlich sie auch sind. Eines der markantesten Indizien, das auf einen beidseitigen Trennungswunsch hindeutet, ist die fortwährende Beteuerung des gemeinsamen Glücks. Auf dem Gipfel kann man nicht biwakieren. Folglich ist der Weg zurück ins Basislager schon vorgezeichnet.

Je glücklicher sich ein Paar in der Öffentlichkeit präsentiert, desto wahrscheinlicher ist das nahe Ende. Glück braucht keine Zuschauer und keinen fortwährenden Applaus, auch nicht den des Partners. Wer sich selbst immer wieder überzeugen muss, dass er liebt, liebt weniger, als er denkt. Liebe ist kein Feiertagsgeschehen, sondern tägliche Praxis, folglich lässt sich ihr Funktionieren relativ einfach prüfen. Es gibt einen vierstufigen Irritationsindex, der klar anzeigt, wann eine Beziehung an ihr Ende zu kommen droht. Die gelegentlichen Reibereien, Stufe eins, mehren sich und werden intensiver. Stufe zwei, die Reibereien werden so intensiv, dass nur noch Schweigen hilft, den fortwährenden Streit zu vermeiden. Stufe drei, das Schweigen führt zur völligen inneren Lossagung, Stufe vier, die meist viel zu spät offen angesprochen wird: Katastrophe. Abschied. Neubeginn.

Vor einer Trennung steht immer die Frage: Was habe ich falsch gemacht? Eindeutige Antwort: Nichts. Sie haben nichts falsch gemacht. Es liegt in der Natur der Sache. Verliebtheit führt selten zum erhofften Ziel, weil sie stets überschwänglich ist. Das Scheitern ist in der Liebe die Regel, nicht die Ausnahme. Wenn Sie also das Gefühl haben, es stimmt nicht mehr, verabschieden Sie ihn. Leichter gesagt als getan? Nein, leichter getan als gesagt. Reden Sie nicht jahrelang über die Trennung, denn dann kommt Mitleid auf – tun Sie es! Wie viele Frauen in Ihrem näheren Lebensumfeld sind an Liebeskummer gestorben? Eben. Trennen Sie sich!

Sie wollen sich nicht trennen? Noch nicht. Sie wollen sich und ihm eine Chance geben? Dann gestalten Sie das Zusammensein so, dass Sie nicht allzu sehr darunter leiden. In einer Beziehung lässt es sich wunderbar allein sein. Versuchen Sie es mit der vernunftgesteuerten Emotionsregulation. Trennen Sie das aktuelle Erleben von den vergangenen Empfindungen und Erwartungen – insbesondere was das Glücklichsein anbelangt. Je realistischer wir den Partner wahrnehmen, desto depressiver werden wir. Aber Realismus ist nur eine Ausrede für den Mangel an Phantasie. Zusammenhalt in längeren Beziehungen ist auch die Fähigkeit, Bilanzen richtig lesen können.

Es ist nicht alles so schlecht, wie es sich nach außen darstellt. Streitende Paare wirken auf Außenstehende wie streitende Paare – dabei ist es in Langzeitbeziehungen ein viel geübtes Mittel, um Nähe im Gespräch herzustellen. Ohne Streit kein Zusammensein. Unglückliche Paare wirken auf Außenstehende wie unglückliche Paare – dabei ist es in Langzeitbeziehungen durchaus üblich, das Glück im gemeinsamen Unglücklichsein zu finden. Manche Menschen sind sehr gern unglücklich, sofern das Unglück ein temperiertes Maß nicht übersteigt. Sie wissen sehr genau, dass dieses große Glück, von dem alle Welt schwärmt, niemals von Dauer ist, Unglück aber sehr wohl. Jeder Mensch kann jederzeit unglücklich sein. Einfach so, aus dem nichts. Ein Frösteln. Ein unerwarteter Kälteeinbruch. Die Decke ein wenig enger um sich schlingen, die Hände an der heißen Teetasse wärmen, verloren durch die regennassen Scheiben starren, Melancholie kann wunderbar sein. Jeder, der liebt, neigt zur Melancholie. Das Herz ist auch nur ein Muskel, der eines schönen Tages erschlafft. Mag sein, dass da draußen irgendwo ein neues Glück wartet, eine frische Beziehung, aber von Dauer wäre auch sie nicht, und irgendwann gäbe es wieder nur eine Erinnerung an eine kurze Folge schöner Tage, die frösteln macht. Also schlingen Sie die Decke der Gewohnheit ein wenig enger um sich. Wärmen Sie sich am gegenseitigen Ungenügen. Gehen Sie den schwersten aller gemeinsamen Wege, den Mittelweg. Keiner verliert, keiner gewinnt. Ein Nullsummenspiel, tagaus, tagein. Und unversehens sind sie gemeinsam alt geworden. Alles mit einem für immer. Wollen Sie das? Nein? Dann trennen Sie sich, bevor Sie ins Stadium der resignativen Reife eintreten. Es ist keine Frage des Zusammenhalts wider besseres Wissen, es ist eine Frage des Selbstwertgefühls.

Ihr Entschluss zur Trennung steht fest. Die Kosten sind durchkalkuliert. Aber Sie trauen sich nicht, den ersten Schritt zu tun? Denken Sie daran, je länger Sie mit einem Mann zusammenleben, desto wahrscheinlicher ist es, dass er Sie eines Tages unschön überraschen wird. Bevor er Sie überrascht, überraschen Sie ihn.

Kein Mitleid, denn Mitleid degradiert. Nichts macht einen Menschen kleiner als das Mitleid des anderen, denn Mitleid unterstellt: Du wirst es niemals schaffen – oder wenn, dann nur mit meiner Hilfe. Mitleid ist die infamste Form der Verachtung. Lassen Sie es nicht so weit kommen, dass Ihr Herz erweicht. Sentimentalität im Alter geht meist auf Kosten der Frau. Je schwächer die Männer sich geben, desto ehrgeiziger zeigen sich Frauen darin, ihnen wieder auf die Beine zu helfen. Aber kaum fühlt der Mann sich wie neugeboren, lässt er die Frau im Stich, weil sich Dankbarkeit erotisch nicht auszahlt. Ein altes Spiel. Warum weigern sich dennoch so viele Frauen, dieses Spiel zu durchschauen? Aus Angst. Die Angst vor dem, was danach kommt. Die Sorge, er könnte nicht ohne Sie sein, ist die Kehrseite der Sorge, Sie könnten nicht ohne ihn sein. Versuchen Sie es.

In keinem Moment zeigt sich die Liebe so deutlich wie im Moment ihrer Verabschiedung. Will jeder das Glück des anderen, dann steht einer harmonischen Trennung nichts im Weg. Die große Kunst des Paarseins zeigt sich im Auseinandergehen. Das Paradox der Liebe will es, dass der Mann genau dann der Richtige ist, wenn er Sie anstandslos ziehen lässt. Er macht Ihnen kein schlechtes Gewissen. Er sieht, dass er Ihnen nicht mehr genügen kann, und weist Ihnen selbst den Weg in die Freiheit. Aber solche Männer sind sehr selten. Also müssen Sie Techniken in Anwendung bringen, die Ihnen und ihm den Abschied leicht machen.

Scheuen Sie nicht vor Grausamkeit zurück! Lieber ein Schrecken ohne Ende als ein Ende mit Schrecken, raten Freunde, Familienangehörige und Bekannte zuweilen, weil sie Lobredner des Status quo sind. Aber das ist kein guter Rat. In der Liebe sind alle Mittel erlaubt. Wenn Sie nicht mutig sind, ermuntern Sie auch ihn zur Feigheit, und es wird alles nur noch trister als zuvor.

Wählen Sie einen günstigen Zeitpunkt! Suchen Sie sich einen Anlass: ein runder Geburtstag, eine Trennung im Bekanntenkreis, eine Krankheit, die alles infrage stellt, ein Urlaub, der wieder einmal keine Erholung brachte.

Benennen Sie Gründe, einsichtige Gründe: Thematisieren Sie seine Sprachlosigkeit, seine Lieblosigkeit, seine Leidenschaftslosigkeit. Letzteres zieht immer. Kein Mann kann auf Dauer sexuell genügen. Das weiß er selbst am besten. Kein Mann kann auf Dauer intellektuell genügen. Das wird er zunächst nicht einsehen wollen. Erinnern Sie ihn an seine sexuelle Selbstüberschätzung und er wird ins Grübeln kommen.

Gesetzt den Fall, er bildet sich ein, Sie noch immer zu lieben, und fleht folglich darum, um seine Liebe kämpfen zu dürfen – was tun? Wie entlieben Sie sich, ohne es zum offenen Konflikt kommen zu lassen, der Sie nur unnötig Kraft kostet? Auch hier gilt die Reziprozitätsregel, allerdings unter anderen Vorzeichen: Je abweisender Sie sich benehmen, desto zutraulicher wird er werden. Die naheliegende Schlussfolgerung: Benehmen Sie sich so liebevoll, so fürsorglich, so zärtlich, wie Sie nur immer können. Ersticken Sie ihn mit Ihrer Wärme. Das widerspricht Ihrem Temperament? Dann wählen Sie aus dem nachfolgenden Sortiment der schlimmen oder schönen Mittel das Mittel Ihrer Wahl, oder, noch besser, wechseln Sie die Mittel in verwirrender Folge, bis der gewünschte Erfolg eintritt.

Die schlimmen Trennungsmittel:

Greifen Sie sich sein Handy. Wahrscheinlich hat er Ihnen sein Passwort in romantischer Redseligkeit längst verraten, ansonsten beobachten Sie ihn einfach bei der Eingabe. Keine Skrupel: Liebe ist niemals indiskret. Zumal er nie, niemals Geheimnisse vor Ihnen haben wollte. Studieren Sie seine Textnachrichten, seine Surfgewohnheiten, seine App-Auswahl. Erstellen Sie ein intimes Profil anhand der Daten, die das Handy Ihnen an die Hand gibt. Hacken Sie seinen Charakter! Bisher dachten Sie nur das über ihn, was Sie über ihn denken wollten. Dank seines Handys haben Sie eine viel stabilere Wissensbasis. Er wird Sie überraschen. Alle Männer geraten beim Surfen auf Seiten, auf die sie niemals geraten wollten, hätte nicht der Zufall sie dort hingeführt. Ob Pornografie oder Philatelie, Sie werden Dinge über ihn erfahren, die Sie jederzeit gegen ihn verwenden könnten, selbst wenn es nur seine unglaubliche Harmlosigkeit ist. Wissen gibt Selbstsicherheit. Erpressung ist immer ein Mittel der Wahl, im Privaten ohnehin. Sorgen Sie für Waffengleichheit! Er ist ein Mann, er glaubt ohnehin, Gott und die Welt durchschaut zu haben. Geben Sie ihm die Ahnung, dass Sie ihn ebenfalls durchschaut haben. Wenn er plötzlich sein Passwort ändert, wissen Sie, dass er nun weiß, was Sie wissen. Das wird ihn vorsichtiger werden lassen, misstrauischer, trennungswilliger.

Der Zugriff auf sein Handy ist unter Ihrer Würde? Dann fragen Sie ihn offen und direkt nach seinen geheimsten Wünschen. Das mögen Männer nicht. Errichten Sie ein Dschungelcamp für ihn, setzen Sie ihn in der Wildnis seines eigenen Egos aus, ermuntern Sie ihn, sich selbst als ungezähmtes Wesen zu begreifen. „Mach mir den Tiger!" Er wird sofort den Schwanz einziehen und sich wegducken. Oder verängstigt zurückfauchen. Wenn die Wahrheit über die eigene Unzulänglichkeit zum Greifen nah ist, entwickeln viele Männer einen Notwehrreflex, der meist zur sofortigen Trennung führt.

Geben Sie ihm die Schuld. Unvermittelt. An allem. Tun Sie das, was Männer so gern tun. Männer lernen von Kindesbeinen an, die Verantwortung für Niederlagen von sich zu weisen. Ob die Vertreibung aus dem Paradies, der Trojanische Krieg oder die Emanzipation schlechthin: Die Frauen sind schuld an der Armseligkeit der Männer. Drehen Sie seinen Spieß einfach um: Erinnern Sie ihn daran, dass nur er allein die Verantwortung für sein Leben trägt. Sagen Sie es ihm morgens, mittags, abends. In dieser Rezeptierung wird er die Wahrheit nicht ertragen. Das liebste Haustier des Mannes ist der Sündenbock. Jagen Sie ihn vor die Tür, dann geht auch der Mann.

Er wird es nicht mögen, wenn Sie revoltieren. Er wird versuchen, Sie wieder kleinzumachen. Die einfachste Art, dem zu entkommen: Erhöhen Sie die Kosten des Zusammenseins. Verteuern Sie Ihren Wert. Leben Sie auf seine Kosten, er hat emotional lange genug auf Ihre Kosten gelebt. Was bin ich ihm noch wert? Diese Frage ist sehr konkret zu beantworten, wenn sie sich in Zahlen ausdrückt. Sie haben keinen Zugriff auf sein Konto? Fordern Sie den Zugriff und Sie werden schnell sehen, wie allumfassend seine Liebe ist. Er wollte Ihnen immer schon die Welt zu Füssen legen? Dann soll er es tun, jetzt, sofort, und nicht in kleinen Raten. Er wird Sie an Ihre Selbstständigkeit erinnern, um seine Kosten zu minimieren: „Du musst lernen, auf eigenen Beinen zu stehen!" Rechnen Sie ihm vor, dass er sich mit einer großzügigen Abfindung wesentlich besserstellen wird als mit einem maximal überteuerten Zusammensein.

Ermuntern Sie ihn zum Fremdgehen. Erinnern Sie ihn an die Vergänglichkeit allen Seins. Trauern Sie über Ihre entschwundene Jugend. Er wird sich Ihnen überlegen fühlen wollen, vor allem jünger! Er wird es allen noch einmal zeigen wollen und für seinen Übermut gestraft werden. Je älter ein Mann wird, desto lächerlicher wirkt sein Jugendwahn. Es sei denn, eine jüngere Frau bestärkt ihn darin. Dann machen sich beide lächerlich.

Paare neigen in Zeiten der Entfremdung dazu, sich gegenseitig bloßzustellen. Kommen Sie dem zuvor, indem Sie schneller sind als er. Machen Sie frühzeitig all seine charakterlichen Defekte publik. Sprechen Sie mit seinen Freunden über ihn, mit seinen Angehörigen. Geben Sie zu, dass Sie selbst Fehler gemacht haben, und zwingen Sie ihn durch

Ihre Bekenntnisse, seine eigenen Fehler zu gestehen, öffentlich. Machen Sie jedes Abendessen mit Bekannten zum Tribunal. Er wird sich der permanenten Anklage über kurz oder lang durch Flucht entziehen wollen.

Beschleunigen Sie das nahende Ende, indem Sie ihn zur Verwahrlosung ermuntern. Die Kunst, sich gegenseitig gleichgültig zu werden, ist zunächst und vor allem ein körperliches Geschehen. Soll er sich gehen lassen! Entsorgen Sie seinen Rasierapparat. Ermuntern Sie ihn zum Bart. Verstecken Sie sein Deo. Entschärfen Sie die Nagelschere. Lassen Sie ihn selbst die Wäsche waschen. Erleichtern Sie sich den Abschied, indem Sie ihm in die Trainingshose helfen. Irgendwann, in nicht allzu ferner Zeit, wird er voll Selbstekel in den Spiegel schauen – und Ihnen die Schuld geben.

Kapseln Sie sich ein. Klagen Sie über Depressionen. Männer verweigern sich instinktiv dem Unglück anderer. Geben Sie sich unaufmerksam. Vermeiden Sie das Miteinander. Malen Sie Grau in Grau. Simulieren Sie Anfälle einer alles verschattenden Hoffnungslosigkeit. Verzagen Sie an Ihrer Verzagtheit. Er wird es nicht lange mit Ihnen aushalten. Nichts ist verzichtbarer als ein trauriger Mensch.

Jeder Mensch kann sich in einen verzichtbaren Menschen verwandeln. Nehmen Sie Gewohnheiten an, die ihn in den Wahnsinn treiben: das Erosionsmodell. Entdecken Sie Neigungen an sich, die nicht tolerierbar sind: das Perversionsmodell. Gestehen Sie ihm Ihren Wunsch nach einer Geschlechtsumwandlung oder einfach nur Ihre unendliche Müdigkeit: das Konfrontationsmodell wahlweise Auslaufmodell. Legen Sie ihm die Karten oder gehen Sie mit ihm zu einer Wahrsagerin Ihrer Wahl, die ihm eine bessere Zukunft nach der Trennung weissagt: das Tarotmodell.

Wenn alles nicht hilft, greifen Sie zum letzten Mittel. Lassen Sie sein liebstes Bierglas auf den Terrassenboden fallen, staubsaugen Sie sein neues Puzzle, tröpfeln Sie „Poison" in seine Unterwäsche. Beichten Sie ihm, dass Sie an all das und noch viel Schlimmeres gedacht haben, aber niemals den Mut finden würden, es zu tun. Er wird dennoch misstrauisch werden. Gestehen Sie ihm, dass Sie kein anderes Heilmittel zur Rettung Ihrer Beziehung mehr wüssten, als ihn mit einer anderen Frau zu teilen. Er wird begeistert sein, anfangs, und dann sehr schnell zum Opfer seiner Selbstüberschätzung werden. Gemeinsam ist es sehr einfach, einen Mann zur Strecke zu bringen. Sie kennen das Märchen von Hase und Igel? Es erzählt, wie zwei kluge Freundinnen einen großmäuligen Rammler zur Strecke bringen, indem sie ihn zwischen sich hin und her hetzen. Zumindest lässt es sich so erzählen. Also: Teilen Sie Ihren Mann, gewinnen Sie eine Freundin. Der Mann geht. Die Freundin bleibt.

Er will Sie für sich allein? Dann weinen Sie. Weinen Sie über das Glück, einen so verständnisvollen Mann wie ihn gefunden zu haben. Lachen Sie über das Unglück der anderen. Wechseln Sie unvermittelt vom Lachen zum Weinen und vom Weinen zum Lachen. Spielen Sie das „Crying Game" mit ihm, bis er den Glauben an Ihren Verstand verliert. Nichts fürchten Männer mehr als Gefühl und Wahnsinn in Kombination.

Die schönen Trennungsmittel:
Der zeremonielle Abschied verbindet beide für immer. Gemeinsam die Trauringe im Fluss des Lebens versenken. Abschiedsbriefe tauschen, ungeöffnet, in denen das Lieblingsgedicht steht, das dann, Jahre später, die überzähligen Tränen fließen lässt, für die es bei der Trennung kein trockenes Taschentuch mehr gab. Hand in Hand vor das Grab der gemeinsamen Liebe treten, irgendwo im Park, dem Klagelied der Vögel lauschen und einen letzten kalten Kuss

tauschen. Den Ort des ersten Treffens aufsuchen, die ersten gemeinsamen Wege rückwärts gehen, den Kellner ausfindig machen und das Lokal, in dem sie beide zum ersten Mal von Liebe gesprochen haben. Räucherstäbchen anzünden für jede Woche, jeden Monat, jedes Jahr, das sie als Paar glücklich verbrachten. Den Glücksstein tauschen, wahlweise das Herzamulett oder den Chakrenpinsel. Die Lächerlichkeit der Sentimentalität nicht scheuen. Je bizarrer die Rituale des Abschieds, die Sie ersinnen, desto leichter machen Sie ihm das Adieu, Goodbye, Ciao-ciao! Pathos ist ein wunderbarer Fluchtbeschleuniger.

Verwöhnen Sie ihn mit Ihrer Fürsorge, bis er erstickt. Nichts ist atemberaubender als Nestwärme. Erhöhen Sie die Temperatur im häuslichen Bereich, bis er seelisch hyperventiliert. Verlangen Sie einen Kuss vor dem Aufstehen und nach dem Zubettgehen. Sprechen Sie davon, Ihre Arbeit aufgeben zu wollen, um ganz für ihn da sein zu können. Stellen Sie eine kleine Staffelei ins Wohnzimmer und beginnen Sie, ihn zu malen. Flüstern Sie ihm zu, wann immer er kommt und geht: „Du bist mein Ein und Alles." Er wird es nicht ertragen.

Erinnern Sie ihn an seine Liebe zur Menschheit. Da ist immer noch etwas Größeres als das kleine gemeinsame Glück. Der Egoismus zweier Einzelwesen darf niemals über die Menschlichkeit an sich triumphieren. Öffnen Sie ihm das Hintertürchen zu einer sozialen Organisation, in die er sich ganz und gar einbringen kann. Opfern Sie sich und Ihre Liebe auf für jene, die ihn so viel nötiger brauchen. Deren Dankbarkeit wird ihm die Trauer über den Abschied unendlich erleichtern. Denn die Liebe wird umso größer, je mehr Objekte sie umfasst. Teilen Sie sein Interesse für das große Ganze, den Weltfrieden, die Kühlung des Planeten genau so lange, bis er allein vorangehen kann. Geben Sie ihm das Gefühl, stark für zwei, stark für viele sein zu können. Wecken Sie seine Hoffnung auf eine schönere Zukunft für alle – und gehen Sie, bevor er daran zu zweifeln beginnt.

Er verweigert sich dem sozialen Dienst an der Menschheit und kann sich eine Zukunft nur mit Ihnen vorstellen? Dann malen Sie diese Zukunft in den rosigsten Farben. Überzuckern Sie alles, was Sie denken und tun. Ermüden Sie die Poesie Ihres aktuellen Glücks durch Phrasen zukünftiger Glückseligkeit. Sagen Sie Dinge einfach so dahin, wie sie Ihnen gerade einfallen: „Für mich ist die Liebe ein Raum, kein Gefühl. Einen Raum kann man betreten und wieder verlassen." Er wird nicken, denn der Gedanke ist so einleuchtend. Stellen Sie alles in diesen Raum der Liebe, was Sie nur auftreiben können an sperrigem Mobiliar. Schränken Sie seine Bewegungsfreiheit im Denken und Träumen so weit ein, dass er sich als Gefangener Ihrer Erwartungen vorkommt. Dann öffnen Sie erneut das Hintertürchen der philanthropischen Liebe, die so viel fühlbarer wird, wenn sie der ganzen Menschheit gilt. Diesmal wird er gehen.

Erleichtern Sie ihm die Fortexistenz ohne Sie, indem Sie ihn im gewohnten Umfeld weiterleben lassen, sofern er es sich finanziell leisten kann. Zwingen Sie ihn nicht zum Auszug. Katzen wechseln gern die Besitzer, ungern die Wohnungen. Richten Sie ihm das traute Heim so ein, dass er es niemals wieder verlassen will. Stärken Sie seinen Sinn fürs Gemütliche. Wenn Sie gehen, bleibt ihm immer noch sein schönes Zuhause.

Er mag dennoch nicht ohne Sie sein? Erfinden Sie ihm eine Krankheit, mit der er gut leben kann und die ihn auf Dauer mehr vereinnahmt als alles andere auf der Welt. Männer sind von Natur aus selbstverliebt, was sich von Hypochondrie kaum unterscheiden lässt. Männer, vor allem alternde, entdecken immer wieder ein Leiden, das tödlich sein könnte, wenn es denn kein eingebildetes wäre. Überreden Sie ihn zur Melancholie, die steht jedem Mann. Wenn ihm das Leiden am Sein zu mühselig ist, bestärken Sie ihn darin, Allergien zu entwickeln, Unverträglichkeiten gegen bestimmte Stoffe oder auch Menschen, die zur Lähmung aller Leidenschaften führen. Ermuntern Sie ihn, Selbsthilfegruppen aufzusuchen, wo Menschen sind, die ihn so viel besser verstehen, als Sie es je könnten.

Er verweigert sich der Krankheit? Dann stärken Sie sein Ego bis zur Expansionsgrenze. Lassen Sie ihn seine Überlegenheit über andere Männer und insbesondere über Frauen spüren. Geben Sie ihm das Gefühl, ein Akteur zu sein, ein Macher und Bestimmer, der sich ab sofort keinen Weisungen mehr beugen muss, auch nicht den Ihren. Emanzipieren Sie ihn! Genialisieren Sie ihn! Die Qualen des Lebens sind die Quellen der Kunst. Zeit, die Flügel des Adlers auszubreiten: Summen Sie „El Cóndor Pasa". Ertüchtigen Sie ihn zur kreativen Selbstfindung. Künstler sind immer einsam, so viele Claqueure sich auch huldigend um sie scharen mögen. Geben Sie ihm das Gefühl, dass andere Frauen ihn voller Begehren anschmachten als Künstler wie auch als Mann. Machen Sie ihm seine eigene Attraktivität bewusst. Dämonisieren Sie ihn. Reden Sie ihm ein, er sei ein Ungeheuer, ein Menschenverschlinger, ein Kannibale der Lust. Er wird es glauben.

Er verweigert sich? Er will kein Kannibale sein, kein Dracula, kein Geschöpf Frankensteins. Dann entmannen Sie ihn. Bitten Sie ihn, sein inneres Kind zu adoptieren, bis er in Tränen ausbricht über die Suche nach der verlorenen Zeit. Ermuntern Sie ihn, „Harry Potter" zu lesen oder sich von Gandalf zum „Herrn der Ringe" führen zu lassen. Schenken Sie ihm eine Spielekonsole und schließen Sie die Tür zu seinem Zimmer, das nunmehr ein Kinderzimmer ist. In seiner Selbstversunkenheit wird er Ihren Weggang gar nicht bemerken.

Er fleht Sie an zurückzukommen. Er bittet Sie, es noch einmal mit ihm zu versuchen? Er gelobt Besserung? Verwickeln Sie ihn in Gespräche, lange Gespräche. Er soll über sich Auskunft geben, über seine Gefühle, er soll über Ihre Gefühle Auskunft geben, er soll Auskunft darüber geben, warum er so schlecht über sich, seine Gefühle und Ihre Gefühle Auskunft geben kann. Reden Sie über alles und nichts, nur reden Sie. Meiden Sie Sachthemen, in denen er sich auf Argumente stützen könnte, reden Sie über Unausgesprochenes, das sich wie ein Berg zwischen Ihnen beiden türmt, und den es nun abzutragen gilt. Machen Sie ihm die Aussichtslosigkeit dieses Unterfangens klar. Gönnen Sie sich Pathos, Tragik, Poesie. Gestehen Sie ihm, dass Sie ihn immer lieben werden, aber diese Liebe einfach zu fordernd ist, als dass sie sich im Alltag leben ließe. Er wird es glauben. Geben Sie ihm die Regeln des Verstehens für ihr gemeinsames Scheitern an die Hand. Regel eins: Niemand ist schuld. Regel zwei: Die Ohnmacht der Beteiligten spiegelt die Mächtigkeit des Gefühls. Regel drei: Der Sinn einer Trennung zeigt sich stets erst nach der Trennung.

Wie groß sind Ihre Chancen, nach einer Trennung doch noch den Richtigen zu finden? Sehr groß. Jeder zweite Mann ist ein netter Mann. Unauffällig vielleicht, aber nett. Warum, könnten Sie fragen, sollen Sie sich in einen ganz normalen netten Mann verlieben, wo doch die Liebe immer das Außergewöhnliche sucht? Einfache Antwort: Kein Mann gewährt mehr Spielraum als der ganz normale nette Mann. „Ohne die Frau könnte der Mann nicht Mann heißen", lehrt Hildegard von Bingen, „und die Frau würde ohne den Mann nicht Frau genannt." Es ist ein mystisches

Wechselspiel zwischen Mann und Frau, zuweilen ein mysteriöses. Sie müssen es nicht spielen, dieses Wechselspiel der Selbsterhöhung, aber dann dürfen Sie auch nicht enttäuscht sein, wenn Sie niemals dem Mann begegnen, dem Sie schon immer begegnen wollten. Denn es gibt ihn nicht, sofern Sie ihn nicht suchen. Und er wird nie zu dem Mann werden, den Sie gesucht haben, sofern Sie ihn nicht dazu machen.

Sie trauen Männern überhaupt nichts zu und kaufen sich lieber einen Hund? Erwarten Sie von ihm, dass er schnurren kann? Sie schmusen lieber mit einer Katze? Erwarten Sie von ihr, dass Sie Stöckchen apportiert? Ein Mann kann beides, schnurren und Stöckchen apportieren, wenn er richtig erzogen wird. Das ist Ihnen alles zu viel? Sie wollen nicht nachdenken müssen, nicht erziehen, nicht dressieren, nicht manipulieren. Sie wollen eine Geburt ohne Geburtswehen? Sie wollen den Mann fix und fertig, entschlossen, charakterstark und willens, mit Ihnen genau das Leben zu führen, das Sie sich erwarten? Diesen Mann werden Sie nicht finden. Und er wird Sie nicht suchen. Da können Sie sehr, sehr lange warten. Oder endlich selbst Hand anlegen. Der Mann ist etwas zu Erarbeitendes. Das ist mühselig und kann zu Tränen rühren. Aber Liebe ohne Leiden gibt es nicht. Und daran sind nicht allein die Männer schuld. Es ist nicht immer der andere, der enttäuscht, es sind Sie, die sich enttäuschen lassen.

Die Liebe ist ein seltsames Spiel. Denn es braucht keine Verlierer, um es zu gewinnen. Wenn Sie sich mit einem anderen Menschen als Paar neu erschaffen wollen, dann müssen Sie diesen Menschen an die Hand nehmen. Nur so finden sie zusammen. Emanzipieren Sie sich von Ihren Erwartungen. Lassen Sie Ihren Herzmuskel spielen! Sie können jedes gewöhnliche Wesen in ein zauberhaftes verwandeln: indem Sie es lieben.

Gregor Eisenhauer, geboren 1960, studierte in Berlin und Heidelberg, promovierte über Arno Schmidt. Er schrieb über „Scharlatane" in der Anderen Bibliothek, über die „Zehn wichtigsten Fragen des Lebens", über das Altern, die Angst und einige andere Geschichten. Für den Berliner „Tagesspiegel" verfasst er seit zwanzig Jahren Nachrufe auf Menschen, die nicht berühmt sind.

Philosophie für unterwegs

Die Reihe „Philosophie für unterwegs" ermöglicht allen, die sich für Philosophie interessieren, aber oft nicht viel Zeit dafür besitzen, den Erstkontakt zu Denkern von der Antike bis heute. Im festen Umfang von 48 Seiten werden die Philosophinnen und Philosophen anhand ihres Lebens und ihrer Werke vorgestellt.

»Die Bücher sind praktisch, klein, dünn und leicht zum Einstecken – eben Philosophie für unterwegs.«
Ursula Ploschnik, abenteuer philosophie

Das gesamte Programm gibt es unter
www.mitteldeutscherverlag.de